POR UM POPULISMO DE ESQUERDA

CHANTAL MOUFFE

© Autonomia Literária, para a presente edição.
Copyright © Chantal Mouffe, 2018-2019
First published by Verso 2018

Coordenação editorial
Cauê Seignemartin Ameni, Hugo Albuquerque
& Manuela Beloni

Tradução
Daniel de Mendonça

Revisão
Lígia Magalhães Marinho

Edição
Cauê Seignemartin Ameni

Capa e diagramação
@sobinfluencia

Assistência Editorial:
André Takahashi

Dados Internacionais de Catalogação na Publicação (CIP)
(eDOC BRASIL, Belo Horizonte/MG)

M925p   Mouffe, Chantal.
         Por um populismo de esquerda / Chantal Mouffe; tradutor Daniel
         de Mendonça. – São Paulo, SP: Autonomia Literária, 2019.
         153 p. : 14 x 21 cm

         Título original: For a left populism
         ISBN 978-85-69536-70-3

         1. Democracia. 2. Direita e esquerda (Ciência política).
         3.Populismo. I. Mendonça, Daniel de. II. Título.
                                                        CDD 320.56

Elaborado por Maurício Amormino Júnior – CRB6/2422

Autonomia Literária
R. Conselheiro Ramalho, 945
São Paulo - SP, 01325-001
autonomialiteraria.com.br

POR UM POPULISMO DE ESQUERDA

CHANTAL MOUFFE

2020
AUTONOMIA LITERÁRIA

SUMÁRIO

Prefácio à edição brasileira	8
Introdução	17
O momento populista	27
Aprendendo com o thatcherismo	49
Radicalizando a democracia	69
A construção de um povo	95
Conclusão	121
Apêndice teórico — uma abordagem antiessencialista	131
Uma concepção agonística de democracia	137
Agradecimentos	144
Sobre a autora	145

Para Ernesto

Os homens podem perfeitamente acompanhar sua sorte, mas não podem se opor ao destino, que lhes permite urdir uma trama sem romper um só fio. Por isso não devem se desesperar, já que ignoram o seu fim, e a sorte caminha de modo oblíquo e desconhecido. Devem sempre esperar, e nesta esperança não devem se entregar, mesmo nas mais adversas circunstâncias.

Nicolau Maquiavel. *Comentários sobre a Primeira Década de Tito Lívio.*

PREFÁCIO À EDIÇÃO BRASILEIRA

Jean Tible[1]

Por um Populismo de Esquerda é uma intervenção na conjuntura de uma das mais importantes pensadoras políticas vivas, muito presente nos debates desde o clássico *Hegemonia e Estratégia Socialista* (1985), escrito com seu parceiro intelectual, político e amoroso, Ernesto Laclau (a quem esse livro é dedicado). Redigido a partir da situação europeia, o livro é importante para nossas reflexões e ações no Brasil e na região, para pensar-lutar hoje em dia.

"Momento Populista"

Um dos pontos fortes deste livro é sua perspectiva do político como conflito, a partir de Maquiavel, mas também de Carl Schmitt. Mouffe ativa uma linhagem que o compreende como tensão e confronto: a democracia não é um regime de governo – desde Atenas, quatrocentos anos antes de Cristo, está em pauta seu entendimento como

---

[1] Doutor em Sociologia (Unicamp) e mestre em Relações Internacionais (IRI/PUC-Rio), é professor de Ciência Política na Universidade de São Paulo (USP) e autor do livro *Marx Selvagem* (Autonomia Literária, 2017).

instauração do dissenso,² ou, mais recentemente, como a irrupção do princípio igualitário.³

É nesse contexto que a autora, pensando com Stuart Hall, se propõe a aprender com a experiência dos governos de Margaret Thatcher e seu populismo autoritário na Inglaterra dos anos 1980. A Dama de Ferro conseguiu mesclar os temas clássicos e caros aos *tory* (conservadores ingleses), como nação, família, autoridade e tradição, com uma pegada agressiva neoliberal e sua exaltação da competição, liberdade individual e (suposto) antiestatismo.

Thatcher construiu um bloco histórico, respondendo a uma crise de legitimidade (do arranjo do pós-Segunda Guerra e seu Estado de bem-estar social). Intervém e quebra o então consenso, provocando uma divisão entre *establishment* e Estado opressor com o povo trabalhador vítima da burocracia e seus aliados. Os trabalhistas ficaram esperando os resultados econômicos degringolarem para voltar ao governo e... o populismo autoritário se consolidou, quebrando sindicatos fortes (como o dos ferroviários e mineiros) e impondo sua agenda de desregulamentação, privatização e austeridade. Se Thatcher ganhou três eleições seguidas, talvez sua maior vitória tenha se concretizado quando seus adversários encamparam sua plataforma pela chamada terceira via de Tony

---

² Nicole Loraux. *La cité divisée: l'oubli dans la mémoire d'Athènes*. Paris: Payot, 1997.
³ Jacques Rancière. *O Desentendimento: Política e filosofia*. São Paulo: Editora 34, 1996.

Blair, na década seguinte. O neoliberalismo alcançou então a hegemonia, tornou-se senso comum.

De acordo com Mouffe, a esquerda da Europa ocidental aceitou os novos termos do debate, o novo consenso. A perspectiva liberal de que a democracia é menos importante que a liberdade individual passou a predominar, e a tensão entre liberalismo e democracia se esvaiu – o primeiro prevaleceu. A esquerda renunciou à política e colaborou ativamente com o enfraquecimento das instituições coletivas e, assim, os dois pilares da democracia (a igualdade e a soberania popular) ficaram extremamente fracos, com o colossal aumento das desigualdades e o fato das eleições não decidirem mais nada – trata-se somente de gestão. Isso somado a uma "latino-americanização" da política europeia:[4] agora todos vivemos em "Estados oligárquicos de Direito".[5]

A pós-política significa o declínio da democracia ao tentar evitar o inerradicável antagonismo. Essa necessita, para funcionar, "que haja um choque entre posições políticas democráticas legítimas" e a "criação de uma vibrante esfera pública 'agonística' de contestação, na qual diferentes projetos políticos hegemônicos possam se confrontar".[6] A crise da representação vem, para Mouffe,

---

[4] Chantal Mouffe. "La apuesta por un populismo de izquierda" (entrevista). *Nueva Sociedad* nº 281, maio-junho de 2019.
[5] Jacques Rancière. *O Ódio à Democracia*. São Paulo: Boitempo, 2014.
[6] Chantal Mouffe. *Sobre o Político*. São Paulo: Martins Fontes, 2015, p. 29; 5.

dessa perspectiva pós-democrática: direita e esquerda se diluem e um suposto consenso pelo centro predomina faz quatro décadas; os conflitos seriam amainados em sociedades maduras. No entanto, insiste a autora, por definição tal, consenso é impossível. A política é o oposto disso, sendo o *locus* do conflito. E emerge com o estabelecimento de uma fronteira entre um "nós" e um "eles", a ordem política sempre se baseando numa forma de exclusão. Ao pensar que não há mais adversário na política, o confronto ressurge como inimigo em termos religiosos, étnicos ou morais – *right and wrong* (certo e errado) em vez de *right and left* (direita e esquerda).

O antagonismo como regra. De algum outro lugar, surgiria o enfrentamento: dessa forma é explicado o crescimento do populismo de direita que quebrou essa ilusão do consenso via um etnonacionalismo e sua construção de um povo, opondo-se aos imigrantes numa articulação xenófoba. O ano de 2008 marca a crise do neoliberalismo, que abalou o consenso prevalecente desde a década de 1980. A volta da política. Eis nosso "momento populista", que, por ora, tem sido principalmente capitalizado pela extrema direita. A distinção entre um populismo de direita e um de esquerda se situa em quem constitui o "eles". Temos, enfatiza Mouffe, uma oportunidade e um desafio para a radicalização da democracia nesse momento de transição (*interregnum* gramsciano). Para isso, propõe ativar a faceta crucial da política, o estabelecimento de uma nova fronteira nós-eles, criando um povo em confronto com os poderes econômicos (sem definir um adversário é impossível lançar uma ofensiva). Trata-se de criar uma vontade coletiva, um "nós", já que não existe um povo já pronto, pré-definido. Esse toma forma graças a uma construção política discursiva.[7]

Caminhos

Mouffe defende mudanças políticas de fundo, mas, ao mesmo tempo, mantém os canais habituais (ainda que transformados): líder, Estado, nação, pátria, povo. Clama, nesse sentido, por uma transição hegemônica, que não ponha em questão "as instituições próprias do regime democrático", pensa o "Estado como correlação de forças" e defende que "o inimigo fundamental do neoliberalismo é a soberania popular".[8] Sugere, assim, um meio-termo entre o reformismo limitado e as propostas revolucionárias – um reformismo radical. Tal posição, no entanto, traz alguns problemas e limitações.

Por um lado, parece não levar em conta que a conjuntura atual estreitou as possibilidades de sua proposta intermediária. No contexto da revolução mundial de 1968, seguida do choque do petróleo e da crise econômica dos

---

[7] Ernesto Laclau. *A Razão Populista*. São Paulo, Três Estrelas, 2013.
[8] Chantal Mouffe. "La apuesta por un populismo de izquierda" (entrevista). *Nueva Sociedad* nº 281, maio-junho de 2019, p. 134-135.

anos posteriores, as classes dominantes decidem interromper qualquer expansão do imaginário e de práticas democráticas e optam pela guerra. Passa a predominar um liberalismo autoritário como resposta a essa crise de governabilidade.[9] Um Estado forte para uma "economia livre" e também promotor de uma guerra contra seus cidadãos, ao aplicar-lhes (no Norte) medidas antes reservadas aos povos colonizados.[10] Thatcher preservou as instituições representativas, mas minou a democracia. Ademais, ao falar da inglesa e nada das origens neoliberais em suas conexões Chicago-Chile (do golpe sangrento e ditatorial liderado por Pinochet no início dos anos 1970), Mouffe deixa de lado um elemento decisivo – uma certa lógica de guerra civil e ódio de classe em curso, por toda parte. Repressão na conexão entre os governos Macron contra os coletes amarelos na França, nas juntas militares do Sudão e da Argélia, no Chile de Piñera, contra os corajosos estudantes, aposentados e Mapuche, nas mortes constantes de militantes na Colômbia, no México ou no Brasil. Fascismo ou revolução?[11]

Por outro lado, para Mouffe, não vivemos uma crise da democracia representativa em si, mas sim da sua encar-

---

[9] Grégoire Chamayou. *La société ingouvernable: une généalogie du libéralisme autoritaire*. Paris: La fabrique, 2018.
[10] Bernard Harcourt. *The Counterrevolution: How Our Government Went to War Against Its Own Citizens*. Basic Books, 2018.
[11] Maurizio Lazzarato. *Le capital déteste tout le monde: fascisme ou révolution*. Paris: Éditions Amsterdam, 2019.

nação pós-democrática. O Estado pode ser democrático, e a representação não significa necessariamente a formação de uma oligarquia. A efetividade e a possibilidade do pluralismo supõem a presença de um confronto agonista entre projetos hegemônicos, e é pela representação que os coletivos políticos são criados. A politóloga insiste que a recusa de certos movimentos contemporâneos em trabalhar e se engajar com as instituições políticas limitam seu impacto: o 15M na Espanha acreditava num consenso sem exclusão, e o *Occupy Wall Street* pensava que poderia haver um acordo entre os 99%. Haveria horizontalidade em excesso em vez de articulá-la a instâncias verticais, e, nesse contexto, a autora prefere as soluções representativas do Podemos, Mélenchon ou Syriza.

Ao mesmo tempo em que toca num desafio e na fragilidade política do "movimento das praças" (e antes da antiglobalização), Mouffe parece abafar e dar um rumo definido em vez de incentivar a experimentação. Os resultados fracos das suas apostas acima, que a empolgam, mostram isso. Não haveria vitória eleitoral do Syriza sem a força comum da praça Syntagma, mas o que se manteve dela no governo Tsipras? Talvez a autora busque canalizar imediatamente a desobediência política (recusa da legitimidade) em instituições. A primeira mudança não seria subjetiva para depois se manifestar institucionalmente (por exemplo, nas revoluções do abolicionismo ou feminismo?).[12] Como pensar as dinâmicas políticas das praças, ocupações e mobilizações e as tentativas de desdobramento eleitoral?[13] Faz sentido articular democracia direta, deliberativa e representativa? De que forma? Mouffe parece fechar rápido demais essas questões e, desse modo, empobrece uma discussão fundamental, cujas respostas (promíscuas) vão tomar algum tempo e dependerão de múltiplas construções coletivas.

Existe uma explosão de criatividade política mundo afora, de Chiapas ao Curdistão, passando pelas ZAD (zona a defender – ocupação que resistiu aos ataques das forças da ordem e inviabilizou o projeto de construção de um aeroporto) na França e em inúmeras experiências de autogoverno e territórios libertos no Brasil e na América Latina – experiências de contrapoderes.[14] Não seriam também fontes de uma democracia radical as coletividades ameríndias, a inventividade política afro-brasileira dos quilombos, históricos e contemporâneos, e uma série de iniciativas como os piratas de ontem e os *hackers* de hoje? Lutas nas quais a democracia e o ingovernável irrompem e ações políticas igualitárias desor-

---

[12] David Graeber. *Um Projeto de Democracia: Uma história, uma crise, um movimento*. São Paulo: Paz e Terra, 2015.
[13] Para um interessante debate entre Rancière e Laclau, ver "'¿No nos representan?' Discusión entre Jacques Rancière y Ernesto Laclau sobre Estado y democracia". Disponível em: https://www.eldiario.es/interferencias/democracia-representacion-Laclau-Ranciere_6_385721454.html.
[14] Michael Hardt e Antonio Negri. *Assembly: A organização multitudinária do comum*. São Paulo: Editora Filosófica Politeia, 2018.

ganizam as divisões hierárquicas habituais e ignoram definições de quem seria mais apto a tomar decisões coletivas.[15]

Isso se conecta ao nosso aqui e agora latino-americano, e Mouffe reforça, na sua argumentação, a importância de mobilizar os afetos coletivos das paixões, da política envolvendo essa dimensão decisiva. Isso é fundamental para pensar-fazer as transformações democráticas e igualitárias na região, onde o ciclo progressista abriu possibilidades, mas limitou seus sonhos, e assim se enfraqueceu. Agora, frente a projetos de tons neofascistas, principalmente no Brasil, em uma agenda da morte com amplo apoio empresarial, cultivemos as inspirações para as novas conjunções. Neste mundo de crises sobrepostas (política, econômica, climática, social, existencial), experimentar e criar.

Primavera de 2019

---

[15] Francis Dupuis-Déri. "Quem tem medo do povo? O debate entre Ágora-fobia Política e Ágora-filia Política". *Revista Estudos Libertários (REL)*, UFRJ, vol.1, 2019.

INTRODUÇÃO

Na origem deste livro está a minha convicção de que é urgente para a esquerda compreender a natureza da conjuntura atual e o desafio representado pelo "momento populista". Estamos testemunhando uma crise da formação hegemônica neoliberal, e essa crise abre a possibilidade para a construção de uma ordem mais democrática. Para poder aproveitar essa oportunidade, é essencial aceitar a natureza das transformações ocorridas nos últimos trinta anos e suas consequências para a política democrática.

Estou convencida de que muitos partidos social-democratas e socialistas estão desorientados, porque defendem uma concepção inadequada de política, uma concepção cuja crítica tem estado no centro da minha reflexão por muitos anos. Essa crítica iniciou-se com *Hegemonia e Estratégia Socialista: Por uma Política Democrática Radical* (*Hegemony and Socialist Strategy: Towards a Radical Democratic Politcs*)[16],

---

[16] Nota do Tradutor: ver a edição brasileira: LACLAU, Ernesto; MOUFFE, Chantal. *Hegemonia e Estratégia Socialista: Por uma política democrática radical*. Tradução de Joanildo A. Burity, Josias de Paula Jr. e Aécio Amaral. São Paulo: Intermeios; Brasília: CNPq, 2015.

escrito em conjunto com Ernesto Laclau e publicado em 1985.

O que nos motivou foi a incapacidade da política de esquerda, nas suas versões marxista e social-democrata, de levar em conta uma série de movimentos que surgiram na sequência das revoltas de 1968 e que corresponderam a resistências contra diversas formas de dominação, as quais não podiam ser formuladas em termos de classe. A segunda onda do feminismo, o movimento *gay*, as lutas antirracistas e as questões em torno do meio ambiente transformaram profundamente o panorama político, mas os partidos da esquerda tradicional não foram receptivos a tais demandas, cujo caráter político foram incapazes de reconhecer. Foi visando corrigir essas falhas que decidimos investigar as razões dessa situação.

Percebemos cedo que os obstáculos a serem superados vinham de uma perspectiva essencialista dominante no pensamento de esquerda. De acordo com essa perspectiva, a qual chamamos "essencialismo de classe", as identidades políticas seriam a expressão da posição dos agentes sociais nas relações de produção, e os seus interesses, definidos por essa posição. Não surpreende que tal perspectiva tenha sido incapaz de entender demandas que não estavam baseadas na "classe".

Uma importante parte do livro foi dedicada a refutar essa abordagem essencialista, utilizando percepções oriundas do pós-estruturalismo. Combinando as percepções com as de Antonio Gramsci, desenvolvemos uma abordagem alternativa "antiessencialista" apta a compreender a multiplicidade das lutas contra diferentes formas de dominação. Para dar expressão política à articulação dessas lutas, propusemos redefinir o projeto socialista para uma "radicalização da democracia".

O projeto consistiu no estabelecimento de uma "cadeia de equivalências", articulando as demandas da classe operária com as dos novos movimentos, para construir uma "vontade comum", visando à criação daquilo que Gramsci chamou de uma "hegemonia expansiva". Ao reformular o projeto da esquerda em termos da "democracia radical e plural", o inscrevemos no vasto campo da revolução democrática, indicando que as múltiplas lutas emancipatórias foram fundadas sobre a pluralidade de agentes sociais e de suas lutas. Assim, o campo do conflito social foi estendido, em vez de estar concentrado em um "agente privilegiado", como a classe operária. Para ser clara, ao contrário de algumas leituras desonestas do nosso argumento, isso não significa que privilegiamos as demandas dos novos movimentos às custas das da classe operária. O que nós enfatizamos foi a necessidade da política de esquerda articular as lutas de diferentes formas de subordinação sem atribuir uma centralidade *a priori* a qualquer uma delas.

Indicamos também que a extensão e a radicalização das lutas democráticas nunca alcançariam uma sociedade plenamente liberta, e o projeto emancipatório não poderia mais ser concebido a partir da eliminação do Estado. Sempre haverá antagonismos, lutas e opacidade do social. É por isso que o mito do comunismo, como uma sociedade transparente e reconciliada – claramente implicando o fim da política –, teve de ser abandonado.

O livro foi escrito em uma conjuntura marcada pela crise da formação hegemônica social-democrata estabelecida durante os anos pós-guerra. Os valores social-democratas foram sendo desafiados pela ofensiva neoliberal, mas ainda eram influentes na formação do senso comum da Europa Ocidental, e nosso objetivo foi imaginar como defendê-los e radicalizá-los. Infelizmente, quando a segunda edição de *Hegemonia e Estratégia Socialista* foi publicada, em 2000, mencionamos, na nova introdução, que, após quinze anos da sua publicação original, um sério retrocesso tinha ocorrido. Sob a pretensão de "modernização", um crescente número de partidos social-democratas tinha eliminado suas identidades de "esquerda", redefinindo-se eufemisticamente como "centro-esquerda".

Foi essa nova conjuntura que analisei em *Sobre o Político (On the Political)*,[17] publicado em 2005, quando exa-

---

[17] N do T: MOUFFE, Chantal. *Sobre o Político*. Tradução de Fernando Santos. São Paulo: Editora WMF Martins Fontes, 2015.

minei o impacto da "terceira via", teorizada na Grã-Bretanha por Anthony Giddens e implementada por Tony Blair e o seu novo Partido Trabalhista. Mostrei como, tendo aceito o terreno hegemônico estabelecido por Margaret Thatcher em torno do dogma de que não havia alternativa à globalização neoliberal, a sua famosa "Tina",[18] o novo governo de centro-esquerda acabou implementando o que Stuart Hall chamou de a "versão social-democrata do neoliberalismo". Alegando que o modelo confrontacional da política e a oposição esquerda-direita tinham se tornado obsoletos, celebrando o "consenso no centro" entre centro-direita e centro-esquerda, o então chamado "centro radical" promoveu uma forma tecnocrática de política de acordo com a qual a política não seria mais um confronto partidário, mas a administração neutra dos negócios públicos.

Como Tony Blair costumava dizer: "[A] escolha não é entre uma política econômica de esquerda e uma política econômica de direita, mas entre uma boa política econômica e uma má política econômica". A globalização neoliberal foi vista como um destino que tínhamos de aceitar, e as questões políticas foram reduzidas a meras questões técnicas, com as quais os especialistas lidariam. Não se deixou espaço para que os cidadãos tivessem a verdadeira possibilidade de escolha entre diferentes pro-

---

[18] N do T: "Tina" é um acrônimo para *There Is No Alternative* (Não Há Alternativa).

jetos políticos, e seu papel limitou-se a aprovar as políticas "racionais" elaboradas pelos especialistas.

Ao contrário dos que apresentaram essa situação como o progresso de uma democracia madura, defendi que a condição da "pós-política" era a origem de um processo de desinteresse em relação às instituições democráticas, manifestado num crescente nível de abstenção. Alertei também para o aumento do sucesso dos partidos populistas de direita, que fingiam oferecer uma alternativa capaz de devolver ao povo a voz que lhe tinha sido tomada pelas elites. Insisti sobre a necessidade de romper com o consenso pós-político e de reafirmar a natureza partidária da política, a fim de criar as condições para um debate "agonístico" sobre as possíveis alternativas.

Naquele tempo, como agora percebo, eu ainda pensava que os partidos social-democratas e socialistas poderiam ser transformados para que implementassem o projeto de radicalização da democracia que defendemos em *Hegemonia e Estratégia Socialista*.

Claramente isso não aconteceu, e os partidos social-democratas entraram num processo de declínio na maioria das democracias da Europa Ocidental, enquanto o populismo de direita realizou importantes incursões. No entanto, a crise econômica de 2008 trouxe à tona as contradições do modelo neoliberal, e hoje essa formação hegemônica é questionada por diversos movimentos antissistema de direita e de esquerda. Esta é a nova conjuntura, a qual chamo de "momento populista" e que pretendo analisar aqui.

O argumento central deste livro é a intervenção na crise hegemônica. É necessário estabelecer uma fronteira política, e o populismo de esquerda, entendido como uma estratégia discursiva de construção da fronteira política entre "o povo" e "a oligarquia", constitui, na conjuntura atual, o tipo necessário de política para recuperar e aprofundar a democracia.

Quando escrevi *Sobre o Político*, sugeri restabelecer a fronteira esquerda-direita, mas agora estou convencida de que, como configurada tradicionalmente, tal fronteira não é mais adequada para articular a vontade coletiva que compreende as diversas demandas democráticas hoje existentes. O momento populista é a expressão de um conjunto de demandas heterogêneas, as quais não podem ser formuladas meramente em termos de interesses ligados a determinadas categorias sociais. Além disso, no capitalismo neoliberal, novas formas de subordinação emergiram fora do processo produtivo. Elas deram origem a demandas que não correspondem mais a setores sociais definidos em termos sociológicos e por sua localização na estrutura social. Tais demandas — a defesa do meio ambiente, as lutas contra o sexismo, o racismo e outras formas de dominação — tornaram-se cada vez mais centrais. É por essa razão que hoje a fronteira política precisa ser construída de um modo "populista" transversal. Entretanto, argumentarei também que a dimensão "populista" não é suficiente para especificar o tipo de política requerido pela conjuntura atual. É preciso ser qualificado como um populismo de "esquerda" para compreender os valores que esse populismo persegue.

Reconhecendo o papel crucial desempenhado pelo discurso democrático no imaginário político das nossas sociedades e estabelecendo, em torno da democracia como significante hegemônico, uma cadeia de equivalência entre múltiplas lutas contra a subordinação, a estratégia política de esquerda ressoa nas aspirações de muitas pessoas. Nos próximos anos, argumento, o eixo central do conflito político estará entre o populismo de direita e o populismo de esquerda. E, como resultado, será através da construção de um "povo", uma vontade coletiva que resulte da mobilização de afetos comuns em defesa da igualdade e da justiça social, que será possível combater as políticas xenófobas promovidas pelo populismo de direita.

Criando fronteiras políticas, o "momento populista" aponta para um "retorno do político" após anos de pós-política. Esse retorno pode abrir caminho para soluções autoritárias — através de regimes que enfraqueçam as instituições democráticas liberais —, mas também pode levar à reafirmação e à extensão dos valores democráticos. Tudo dependerá de quais forças políticas terão sucesso em hegemonizar as demandas democráticas atuais e o tipo de populismo que será vitorioso na luta contra a pós-política.

O MOMENTO POPULISTA

Gostaria de deixar claro, desde o início, que o meu objetivo não é acrescentar outra contribuição ao já pletórico campo dos "estudos do populismo", uma vez que não tenho a intenção de entrar no debate acadêmico estéril sobre a "verdadeira natureza" do populismo. Este livro é uma intervenção política e reconhece abertamente a sua natureza partidária. Definirei o que entendo por "populismo de esquerda" e argumentarei que, na conjuntura atual, ele proporciona a estratégia adequada para recuperar e aprofundar os ideais de igualdade e de soberania popular, que são constitutivos na política democrática.

Como cientista política, minha forma de teorizar orienta-se a partir de Maquiavel, quem, como Althusser nos lembrou, situava-se sempre "na conjuntura", em vez de refletir "sobre a conjuntura". Seguindo o exemplo de Maquiavel, descreverei minha reflexão numa conjuntura específica, procurando por aquilo que ele chamou de *verità effettuale della cosa* (verdade efetiva da coisa) do "momento populista" que hoje testemunhamos nos países europeus ocidentais. Limito minha análise à Europa Ocidental. Embora a questão do populismo seja, sem dúvida, também relevante no leste europeu, é necessária uma análise especial para esses países. Eles são marcados pela especificidade de sua história sob o comunismo, e sua cultura política apresenta diferentes características. Esse é também o caso das diversas formas do populismo latino-americano. Enquanto há "semelhanças de família" entre vários populismos, eles correspondem a conjunturas específicas que precisam ser apreendidas de acordo com os seus diversos contextos. Espero que minhas reflexões sobre a conjuntura europeia ocidental forneçam algumas percepções úteis para abordar outras situações populistas.

Mesmo tendo um objetivo político, uma parte significativa das minhas reflexões será de natureza teórica, porque a estratégia populista de esquerda que defenderei está fundada numa abordagem teórica antiessencialista, que defende que a sociedade está sempre dividida e discursivamente construída por meio de práticas hegemônicas. Muitas críticas dirigidas ao "populismo de esquerda" se baseiam na falta de entendimento dessa abordagem, e essa é a razão mais importante para explicitarmos aqui. Farei referência aos princípios centrais da perspectiva antiessencialista em muitos pontos do meu argumento e darei esclarecimentos adicionais em um apêndice teórico ao final do livro.

Para desfazer possíveis confusões, iniciarei especificando o que entendo por "populismo". Descartando o sentido pejorativo do termo, que tem sido imposto pela mídia para desqualificar todos aqueles que se opõem ao *status quo*, seguirei a abordagem analítica desenvolvida por Ernesto Laclau, a qual permite abordar a questão do populismo de uma forma que considero particularmente fecunda.

Em seu livro *A Razão Populista*,[19] Laclau define o populismo como uma estratégia discursiva de construção de uma fronteira política, dividindo a sociedade em dois campos e apelando para a mobilização dos "excluídos" contra "aqueles que estão no poder".[20] O populismo não é uma ideologia e a ele não pode ser atribuído um conteúdo programático específico. Tampouco ele é um regime político. Trata-se de um modo de fazer política que pode ter diferentes formas ideológicas, de acordo com o tempo e o lugar, compatível com diversas estruturas institucionais. Podemos falar de um "momento populista" quando, sob a pressão de transformações políticas ou socioeconômicas, a hegemonia dominante é desestabilizada pela multiplicação de demandas insatisfeitas. Nessas situações, as instituições existentes falham em garantir a lealdade das pessoas, na tentativa de defender a ordem existente. Como resultado, o bloco histórico que estabelece a base social de uma formação hegemônica é desarticulado, e surge a possibilidade da construção de

---

[19] N do T: LACLAU, Ernesto. *A Razão Populista*. Tradução de Carlos Eugênio Marcondes de Moura. São Paulo: Três Estrelas, 2013.
[20] LACLAU, Ernesto. *On Populist Reason*. Nova York e Londres: Verso, 2005.

um novo sujeito de ação coletiva — o povo — capaz de reconfigurar uma ordem social tida como injusta.

Essa situação, sustento, é precisamente o que caracteriza a nossa conjuntura atual, e, por essa razão, é apropriado chamá-la de "momento populista". Esse momento populista indica a crise da formação hegemônica neoliberal, a qual foi implementada progressivamente na Europa Ocidental durante a década de 1980. Tal formação hegemônica neoliberal substituiu o Estado de bem-estar social keynesiano social-democrata que, em trinta anos após o final da Segunda Guerra Mundial, forneceu o principal modelo socioeconômico nos países democráticos da Europa Ocidental. O centro dessa nova formação hegemônica é constituído por um conjunto de práticas políticas e econômicas que visam impor a regra do mercado — desregulamentação, privatização, austeridade fiscal — limitando o papel do Estado à proteção dos direitos de propriedade privada, livre mercado e livre comércio. Neoliberalismo é o termo atualmente usado para se referir a essa nova formação hegemônica, a qual, longe de estar limitada ao domínio econômico, também significa toda uma concepção de sociedade e de indivíduo fundada em uma filosofia de individualismo e posses.

Esse modelo, implementado em vários países da década de 1980 em diante, não enfrentou nenhum desafio significativo até a crise financeira de 2008, quando começou seriamente a mostrar seus limites. A crise, iniciada em 2007, nos Estados Unidos, com o colapso do mercado hipotecário de alto risco (*subprime*), evoluiu para uma completa crise bancária internacional, com a falência do banco de investimentos Lehman Brothers no ano seguinte. Massivos resgates de instituições financeiras tiveram de ser implementados para impedir o colapso do sistema financeiro mundial. A recessão econômica global que se seguiu afetou profundamente várias economias europeias e provocou uma crise da dívida no continente. Para lidar com essa crise, políticas de austeridade foram implementadas em muitos países europeus, com drásticos efeitos, particularmente nos países do sul.

Na ocasião da crise econômica, uma série de contradições se condensaram, levando ao que Gramsci chama de *interregnum*: um período de crise durante o qual uma série de premissas consensuais estabelecidas em torno de um projeto hegemônico são desafiadas. A solução para a crise ainda não está à vista, e isso caracteriza o "momento populista" no qual nos encontramos hoje. O "momento populista" é, portanto, a expressão de diversas resistências às transformações políticas e econômicas observadas durante os anos de hegemonia neoliberal. Essas transformações têm levado a uma situação que poderíamos chamar de "pós-democracia", para indicar a perda de dois pilares do ideal democrático: igualdade e soberania popular.

"Pós-democracia", termo proposto primeiramente por Colin Crouch, assinala o declínio do papel dos parlamentos e a perda da soberania como consequência da globalização neoliberal. De acordo com Crouch:

> A causa fundamental do declínio democrático na política contemporânea é o desequilíbrio agora em desenvolvimento entre o papel dos interesses corporativos e aqueles de praticamente todos os outros grupos. Tomado em conjunto, com a inevitável entropia da democracia, tem levado a política a se tornar novamente um negócio de elites fechadas, como foi nos tempos pré-democráticos.[21]

Jacques Rancière também usa o termo, o qual ele define da seguinte forma:

> Pós-democracia é a prática de governo e a legitimação conceitual de uma democracia depois do *demos*, uma democracia que eliminou a aparência, o erro na conta e o litígio do povo, redutível assim ao jogo único dos mecanismos de Estado e das combinações das energias e dos interesses sociais.[22]

---

[21] CROUCH, Colin. *Post-Democracy*. Cambridge: Polity, 2004, p. 104.
[22] RANCIÈRE, Jacques. *Disagreement: Politics and Philosophy*. Tradução de Julie Rose, Minneapolis: University of Minnesota Press, 1999, p. 102.

Mesmo não discordando de nenhuma das definições, meu uso do termo é um tanto diferente, porque, através da reflexão sobre a natureza da democracia liberal, pretendo trazer à tona uma característica diferente do neoliberalismo. Como é bem conhecido, etimologicamente falando, "democracia" vem do grego *demos/kratos*, que significa "o poder do povo". Quando falamos de "democracia" na Europa, referimo-nos, contudo, a um modelo específico: o modelo ocidental, que resulta da inscrição do princípio democrático em um contexto histórico particular. Esse modelo recebeu vários nomes: democracia representativa, democracia constitucional, democracia liberal, democracia pluralista.

Em todos os casos, o que está em questão é um regime político caracterizado pela articulação de duas tradições diferentes. De um lado, a tradição do liberalismo político: o Estado de Direito, a separação dos poderes e a defesa da liberdade individual; de outro lado, a tradição democrática, cujas ideias centrais são a igualdade e a soberania popular. Não há uma relação necessária entre essas duas tradições, mas apenas uma articulação histórica contingente que, como C. B. Macpherson mostrou, teve lugar através de lutas comuns dos liberais e dos democratas contra regimes absolutistas.[23]

---

[23] MACPHERSON, C. B. *The Life and Times of Liberal Democracy*. Oxford: Oxford University Press, 1977.

Alguns autores, como Carl Schmitt, afirmam que essa articulação produziu um regime inviável, porque o liberalismo nega a democracia e a democracia nega o liberalismo. Outros, seguindo Jürgen Habermas, mantêm a "co-originalidade" dos princípios da liberdade e da igualdade. Schmitt tem toda a razão em apontar a existência de um conflito entre a "gramática" liberal, que postula a universalidade e a referência à "humanidade", e a "gramática" da igualdade democrática, que requer a construção de um povo e uma fronteira entre um "nós" e um "eles". Porém, acredito que ele esteja enganado em apresentar esse conflito como uma contradição que leva inevitavelmente uma democracia liberal plural à autodestruição.

Em *O Paradoxo Democrático* (*The Democratic Paradox*), concebi a articulação dessas duas tradições — de fato, em última instância, irreconciliáveis —, sobre o modo de uma configuração paradoxal, como o *locus* de uma *tensão* que define a originalidade da democracia liberal como uma *politeia*, uma forma de comunidade política que garante o seu caráter plural. A lógica democrática da construção de um povo e da defesa de práticas igualitárias é necessária para definir um *demos* e para subverter a tendência do discurso liberal de um universalismo abstrato. Contudo, a sua articulação com a lógica liberal nos permite desafiar as formas de exclusão que são inerentes às práticas políticas de determinação das pessoas que governarão.

A política democrática liberal consiste num processo de negociação constante, através de diferentes configurações hegemônicas nessa tensão constitutiva. Essa tensão, expressa em termos políticos ao longo da fronteira entre direita e esquerda, pode ser estabilizada apenas temporariamente, por meio de negociações pragmáticas entre forças políticas, e essas negociações sempre estabelecem a hegemonia de uma delas sobre a outra. Revisitando a história da democracia liberal, descobrimos que, em algumas ocasiões, a lógica liberal prevaleceu, enquanto que, em outras, foi a democrática. No entanto, as duas lógicas permaneceram em vigor e a possibilidade de uma negociação "agonística" entre direita e esquerda, que é específica do regime democrático-liberal, sempre se manteve viva.

As considerações anteriores preocupam-se apenas com a democracia liberal, considerada como um regime político, mas é evidente que aquelas instituições políticas nunca existem independentemente de suas inscrições em um sistema econômico. No caso do neoliberalismo, por exemplo, estamos lidando com uma formação social que articula uma forma específica de democracia liberal com o capitalismo financeiro. Embora seja necessário levar essa articulação em consideração quando se estuda uma formação social específica, é possível, no nível analítico, examinar a evolução do regime democrático-liberal como uma forma política de sociedade, trazendo à tona algumas de suas características.

A situação atual pode ser descrita como "pós-democracia", porque, nos últimos anos, como consequência da hegemonia neoliberal, a tensão "agonística" entre os princípios liberais e os democráticos, a qual é constitutiva da democracia liberal, foi eliminada. Com o fim dos valores democráticos de igualdade e soberania popular, os espaços "agonísticos", onde diferentes projetos de sociedade poderiam se confrontar entre si, desapareceram, e os cidadãos são privados da possibilidade de exercer seus direitos democráticos. Com certeza, a "democracia" é ainda mencionada, mas ela foi reduzida ao seu componente liberal e significa apenas a existência de eleições livres e a defesa dos direitos humanos. O que se tornou cada vez mais central foi o liberalismo econômico com a sua defesa do livre mercado, e muitos aspectos do liberalismo político foram relegados ao segundo plano ou simplesmente eliminados. Isso é o que eu entendo por "pós-democracia".

Na arena política, a evolução para a pós-democracia se manifestou através do que propus em *Sobre o Político* chamar de "pós-política", a qual borra a fronteira política entre direita e esquerda.[24] Sob o pretexto da "modernização", imposto pela globalização, partidos social-democratas aceitaram os *ditames* do capitalismo financeiro e os limites que eles impuseram às intervenções do Estado e às suas políticas redistributivas.

---

[24] MOUFFE, Chantal. *On the Political*. Abingdon: Routledge, 2005.

Como resultado, o papel dos parlamentos e das instituições que possibilitam aos cidadãos influenciar as decisões políticas foi drasticamente reduzido. As eleições já não oferecem mais qualquer oportunidade para decidir sobre alternativas reais, através dos tradicionais "partidos de governo". A única coisa que a pós-política permite é a alternância bipartidária de poder entre partidos de centro-direita e centro-esquerda. Todos aqueles que se opõem ao "consenso de centro" e ao dogma de que não existe alternativa à globalização neoliberal são apresentados como "extremistas" ou desqualificados como "populistas".

Portanto, a política se tornou mera questão de gestão da ordem estabelecida, um domínio reservado aos especialistas, e a soberania popular foi declarada obsoleta. Um dos pilares simbólicos fundamentais do ideal democrático — o poder do povo — foi minado, porque a pós-política elimina a possibilidade da luta agonística entre diferentes projetos de sociedade, que é a própria condição para o exercício da soberania popular.

Ao lado da pós-política, há outro desenvolvimento que precisa ser levado em consideração para o entendimento das causas da condição pós-democrática: o crescimento da "oligarquização" das sociedades europeias ocidentais. Mudanças no plano político tiveram vez no contexto de um novo modo de regulação do capitalismo, em que o capital financeiro ocupa um lugar central. Com a financeirização da economia, houve uma grande expansão do setor financeiro em detrimento da economia produtiva. Isso explica o crescimento exponencial das desigualdades que testemunhamos nos últimos anos.

As privatizações e as políticas de desregulamentação contribuíram para a deterioração drástica das condições dos trabalhadores. Sob os efeitos combinados da desindustrialização, da promoção de mudanças tecnológicas e dos processos de transferência de indústrias para países onde o trabalho era mais barato, muitos empregos foram perdidos.

Com os efeitos das políticas de austeridade impostos após a crise de 2008, essa situação afetou também grande parte da classe média, que entrou em um processo de pauperização e precarização. Como resultado desse processo de oligarquização, o outro pilar do ideal democrático — a defesa da igualdade — foi também eliminado do discurso democrático-liberal. O que agora domina é uma visão individualista liberal que celebra a sociedade do consumo e a liberdade que os mercados oferecem.

É no contexto pós-democrático da erosão dos ideais democráticos da soberania popular e da igualdade que o "momento populista" deve ser apreendido. Ele é caracterizado pela emergência de múltiplas resistências contra um sistema político-econômico que é cada vez mais percebido como sendo controlado por elites privilegiadas surdas às demandas de outros grupos da sociedade. No início, a maior parte da resistência política ao consenso pós-democrático vinha da direita. Nos anos 1990, partidos populistas de direita, como o FPÖ, na Áustria, e a Frente Nacional, na França, começaram a se apresentar com o objetivo de devolver ao "povo" a voz que lhe tinha sido privada pelas elites. Recorrendo à fronteira entre o "povo" e o "sistema político", eles foram capazes de traduzir, em um vocabulário nacionalista, as demandas dos setores populares que se sentiam excluídos do consenso dominante.

Foi assim, por exemplo, que Jörg Haider transformou o Partido da Liberdade da Áustria em um partido de protesto contra a "grande coalizão". Mobilizando temas da soberania popular, ele conseguiu articular a crescente resistência à forma como o país era governado por uma coalizão de elites que impedia o verdadeiro debate democrático.[25]

O panorama político, que já tinha dado sinais de radicalização de esquerda com diversos movimentos antiglobalização, mudou significativamente em 2011. Quando as políticas de austeridade começaram a afetar as condições de vida de amplos setores da população, importantes protestos populares ocorreram em muitos países europeus, e o consenso pós-político começou a se desfazer. Na Grécia, o Aganakitsmenoi, e, na Espanha, os Indignados do M15

---

[25] Em "The 'End of Politics' and the Challenge of Right-Wing Populism", analisei o crescimento do Partido da Liberdade da Áustria sob Jörg Haider. Veja em: Francisco Panizza (Ed.), *Populism and the Mirror of Democracy* (Nova York e Londres: Verso, 2005), pp. 50-71.

ocuparam as praças centrais exigindo "Democracia Agora!". Eles foram seguidos pelo movimento Occupy, que nasceu nos Estados Unidos, e que teve manifestações em diversas cidades da Europa, particularmente em Londres e em Frankfurt. Mais recentemente, o Nuit Debout, na França, em 2016, foi a expressão dessas formas de protestos referidas como os "movimentos das praças".

Esses protestos foram o sinal de um despertar político após anos de relativa apatia. Contudo, a recusa desses movimentos horizontais de se envolver com instituições políticas limitou o seu impacto, e, sem uma forma de articulação com a política institucional, logo começaram a perder o seu dinamismo. Embora tais movimentos de protesto tenham certamente desempenhado um papel na transformação da consciência política, foi apenas quando eles foram acompanhados por movimentos políticos estruturados, prontos para se envolverem com instituições políticas, que conseguiram alcançar resultados importantes.

É na Grécia e na Espanha que assistimos aos primeiros movimentos políticos que implementam uma forma de populismo voltada ao restabelecimento e ao aprofundamento da democracia. Na Grécia, o Syriza — uma frente social unificada nascida da coalizão entre diferentes movimentos de esquerda em torno do Synaspismos, o antigo Partido Eurocomunista — sinalizou a emergência de um novo tipo de partido radical, cujo objetivo foi desafiar a hegemonia neoliberal por meio da política parlamentar. Estabelecendo uma sinergia entre movimentos sociais e partidos políticos, o Syriza foi capaz de articular, de uma vontade coletiva, uma variedade de demandas democráticas, e isso permitiu-lhe chegar ao poder em janeiro de 2015.

Infelizmente, o Syriza não foi capaz de implementar o seu programa antiausteridade, em função de uma resposta brutal da União Europeia, que reagiu com um "golpe financeiro" e forçou o partido a aceitar os *ditames* da Troika. Tal fato não invalida a estratégia populista que levou o partido ao poder, mas certamente levanta importantes questões pertinentes às limitações que a adesão à União Europeia impõe acerca da possibilidade de levar a cabo políticas que desafiam o neoliberalismo.

Na Espanha, em 2014, a ascensão meteórica do Podemos deveu-se à capacidade de um grupo de jovens intelectuais de aproveitar o terreno criado pelos Indignados. Isso levou à criação de um movimento partidário, visando romper o impasse da política consensual estabelecida através da transição para a democracia, cuja exaustão tornou-se evidente. A estratégia do Podemos de criar uma vontade coletiva popular, construindo uma fronteira entre as elites (*la* "*casta*") e o "povo", ainda não conseguiu desalojar o direitista Partido Popular do governo, mas membros do Podemos conseguiram entrar no Parlamento, onde depuseram um importante grupo de deputados. Desde então, eles representaram uma força importante na política espanhola e transformaram profundamente o cenário político na Espanha.

Desenvolvimentos semelhantes ocorreram em outros países: na Alemanha, com o Die Linke, em Portugal, com o Bloco de Esquerda, e na França, com La France Insoumise, de Jean-Luc Mélenchon, o qual, em junho de 2017, um ano após a sua criação, elegeu dezessete deputados no Parlamento e agora representa a principal oposição ao governo de Emmanuel Macron. Finalmente, o inesperado bom resultado do Partido Trabalhista britânico, sob a liderança de Jeremy Corbyn, também em junho de 2017, é outro sinal de uma nova forma de radicalismo emergindo em diversos países europeus.

Os partidos social-democratas, que, em muitos países, desempenharam um papel importante na implementação de políticas neoliberais, são incapazes de compreender a natureza do momento populista e de enfrentar o desafio que ele representa. Prisioneiros de seus dogmas pós-políticos e relutantes em admitir os seus erros, eles não conseguem reconhecer que muitas das demandas articuladas pelos partidos populistas de direita são democráticas, e uma resposta progressista deve ser dada a elas. Muitas dessas demandas vêm de grupos que são os principais prejudicados pela globalização neoliberal e que não podem ser satisfeitos dentro do projeto neoliberal.

Classificar os partidos populistas de direita como de "extrema-direita" ou "neofascistas" e atribuir o seu apelo à falta de educação é especialmente conveniente para as forças de centro-esquerda. É uma forma fácil de desqualificá-los sem reconhecer a própria responsabilidade da centro-esquerda na sua emergência. Estabelecendo uma fronteira "moral" que exclui os "extremistas" do debate democrático, os "bons democratas" acreditam que eles podem impedir a ascensão das paixões "irracionais". Tal estratégia de demonização dos "inimigos" do consenso bipartidário pode ser moralmente confortável, mas é politicamente frágil.

Para impedir a ascensão dos partidos políticos de direita, é necessário conceber adequadamente uma resposta política através de um movimento político de esquerda que aliará todas as lutas democráticas contra a pós-democracia. Em lugar de excluir *a priori* os eleitores dos partidos políticos de direita, como necessariamente movidos por paixões atávicas, condenando-os por manterem-se eternamente prisioneiros dessas paixões, é necessário reconhecer o núcleo democrático na origem de muitas dessas demandas.

Uma abordagem populista de esquerda deve tentar oferecer um vocabulário diferente, a fim de orientar essas demandas em direção a objetivos mais igualitários. Isso não significa tolerar a política dos partidos populistas de direita, mas recusar imputar aos seus eleitores a responsabilidade pela forma como suas demandas são articuladas. Não nego que há pessoas que se sentem perfeitamente à vontade com esses valores reacionários, mas estou convencida de que há outras que são atraídas por esses partidos porque sentem que eles são os únicos a se preocupar com os seus problemas. Acredito que, se uma linguagem diferente estiver disponível, muitas pessoas podem lidar com seus problemas de uma forma diferente e participar da luta progressista.

Já há diversos exemplos de que tal estratégia pode funcionar. Por exemplo, nas eleições legislativas de 2017, na França, Jean-Luc Mélenchon e outros candidatos de La France Insoumise, tais como François Ruffin, receberam o apoio de eleitores que, anteriormente, tinham votado em Marine Le Pen. Argumentando com as pessoas que, sob a influência da Frente Nacional, foram levadas a ver os imigrantes como responsáveis por sua privação, ativistas conseguiram fazer com que esses eleitores alterassem seus pontos de vista. Seu sentimento de terem sido deixados para trás e seu desejo por reconhecimento democrático, anteriormente expresso numa linguagem xenófoba, pôde ser formulado por um vocabulário diferente e dirigido para outro adversário. Algo similar ocorreu na Grã-Bretanha, nas eleições de junho de 2017, quando 16% dos eleitores do Partido de Independência do Reino Unido (Ukip), partido populista de direita, votaram em Jeremy Corbyn.

Agora que o discurso antissistema também vem do lado progressista e que as forças políticas de esquerda estão traçando uma fronteira entre o "povo" e a "oligarquia", estamos realmente no centro de um "momento populista". O que está em jogo, neste momento, portanto, é como a resistência à pós-democracia será articulada e como "o povo" será construído. Há muitas formas de fazer isso. Nem todas as construções da fronteira política populista têm objetivos igualitários, mesmo quando a rejeição ao sistema existente é feita em nome da devolução do poder ao povo.

Ambos os tipos de populismo visam a aliar demandas de insatisfação, mas eles o fazem de maneiras muito diferentes. A diferença reside na composição de um "nós" e como o adversário, o "eles", é definido.

O populismo de direita alega que trará de volta a soberania popular e que restaurará a democracia, mas essa soberania é entendida como "soberania nacional" e reservada àqueles considerados os verdadeiros "nacionais". Os populistas de direita não tratam da demanda por igualdade e constroem um "povo" que exclui numerosas categorias, normalmente imigrantes, vistos como uma ameaça à identidade e à prosperidade da nação. Vale a pena assinalar que, embora o populismo de direita articule muitas resistências contra a pós-democracia, ele não necessariamente apresenta o adversário do povo como constituído pelas forças do neoliberalismo. Seria, portanto, um equívoco identificar a sua oposição à pós-democracia como uma rejeição ao neoliberalismo. Sua vitória poderia levar a formas nacionalistas autoritárias de neoliberalismo que, com o intuito de recuperar a democracia, na verdade, a restringiria drasticamente.

O populismo de esquerda, ao contrário, procura recuperar a democracia para aprofundá-la e ampliá-la. Uma estratégia populista de esquerda visa aliar as demandas democráticas em uma vontade coletiva para construir um "nós", um "povo", confrontando um adversário comum: a oligarquia. Isso requer o estabelecimento de uma cadeia de equivalência entre as demandas dos trabalhadores, dos imigrantes e da classe média precarizada, assim como outras demandas democráticas, tais como as da comunidade LGBT. O objetivo dessa cadeia é a criação de uma nova hegemonia que permitirá a radicalização da democracia.

APRENDENDO COM O THATCHERISMO

O "momento populista" que testemunhamos por toda a Europa Ocidental oferece a oportunidade para se produzir uma alternativa à formação hegemônica neoliberal que agora está em crise. A questão crucial é como operar essa transição. Há exemplos com os quais poderíamos aprender a imaginar quais passos seguir? Talvez examinar as condições em que o modelo neoliberal tornou-se hegemônico na Europa Ocidental possa nos fornecer algumas pistas sobre como uma transformação hegemônica pode acontecer. É essa a conjuntura que examinamos em *Hegemonia e Estratégia Socialista*, e ela pode, portanto, ser relevante para rever algumas de suas análises.

O livro foi escrito em Londres, no momento da crise do consenso do pós-guerra, estabelecido entre trabalhistas e conservadores, em torno do Estado de bem-estar keynesiano. E foi principalmente nesse contexto britânico que desenvolvemos nossas reflexões sobre o futuro da política de esquerda. Acredito ainda que a sua pertinência não esteja limitada à Grã-Bretanha. Como foi assinalado por Wolfgang Streeck:

A estrutura do acordo pós-guerra entre trabalho e capital foi fundamentalmente a mesma em países bastante diferentes, onde o capitalismo democrático tinha sido instituído. Ela incluía um Estado de bem-estar em expansão, o direito dos trabalhadores à livre negociação coletiva e uma garantia política de pleno emprego, subscrita pelos governos que faziam amplo uso do conjunto de ferramentas econômicas keynesianas.[26]

Para apreender a natureza do Estado de bem-estar keynesiano como uma formação hegemônica, é necessário reconhecer que, embora ele desempenhasse um papel crucial na subordinação da reprodução da força de trabalho às necessidades do capital, ele também estabeleceu as condições para a emergência de um novo tipo de direito social e transformou profundamente o senso comum democrático, dando legitimidade a um conjunto de demandas por igualdade econômica. Em diversos países, a força dos sindicatos permitiu a consolidação de direitos sociais. Enquanto isso, o crescimento da desigualdade foi mantido sob controle, os trabalhadores obtiveram ganhos substanciais, e importantes avanços democráticos foram alcançados durante esses anos. Como um compromisso entre capital e trabalho, o Estado de

---

[26] STREECK, Wolfgang. "The Crises of Democratic Capitalism", *New Left Review*, 71 (setembro/outubro 2011), 10.

bem-estar permitiù uma espécie de coexistência difícil entre capitalismo e democracia.

No entanto, durante a primeira metade da década de 1970, a desaceleração econômica e o aumento da inflação começaram a mostrar os limites do compromisso keynesiano. Sob os efeitos da crise do petróleo de 1973, a economia sofreu, os lucros diminuíram, e o acordo social-democrático do pós-guerra começou a desmoronar. Na Grã-Bretanha, diante de uma crise fiscal, o Partido Trabalhista, que estava no poder, teve de usar o Estado para disciplinar a classe trabalhadora, gerando uma crescente insatisfação. Em meados dos anos 1970, o modelo social-democrático do pós-guerra estava com sérios problemas e começou a sofrer com uma "crise de legitimidade".

Contudo, fatores econômicos não são suficientes para compreendermos plenamente a crise do modelo social-democrático. Precisamos também levar em consideração outros fatores, particularmente a emergência, na década de 1960, do que tem sido chamado de "os novos movimentos sociais". Na época, esse termo foi usado em referência a lutas muito distintas: urbanas, ecológicas, antiautoritárias, anti-institucionais, feministas, antirracistas, étnicas e de minorias sexuais e regionais. A polarização política, criada em torno dessas novas demandas democráticas, juntamente com uma onda de militância de trabalhadores, provocou uma reação dos conservadores, que alegaram que a multiplicação das lutas por igualdade tinha levado as sociedades ocidentais à beira do "precipício igualitário". Quando a recessão econômica veio, após 1973, a direita decidiu que havia chegado a hora de interromper a expansão do imaginário democrático. Ela planejou combater esse movimento igualitário e restaurar os lucros que tinham sido mantidos sob controle pelo poder dos sindicatos. No seu relatório à Comissão Trilateral, em 1975, Samuel Huntington declarou que as lutas nos anos 1960 pelo aumento da igualdade e da participação produziram um "surto democrático" que tornou a sociedade "ingovernável". Ele concluiu que "a força do ideal democrático representou um problema para a governabilidade da democracia".[27]

No momento em que estávamos escrevendo nosso livro, Margaret Thatcher tinha vencido as eleições, mas o resultado da crise ainda não estava claro. Era assim que víamos a situação:

> Não se pode duvidar que a proliferação de novos antagonismos e dos "novos direitos" está levando a uma crise da formação hegemônica do período pós-guerra. No entanto, a forma como a crise será resolvida está longe de estar pré-determinada, como a maneira na qual os direitos serão

---

[27] HUNTINGTON, Samuel. "The Democratic Distemper", em *The American Commonwealth*, editado por Nathan Glazer e Irving Kristol (Nova York, Basic Books, 1976), p. 37.

definidos e as formas que a luta contra a subordinação vão tomar não estão inequivocamente estabelecidas.[28]

Afirmávamos que, para combater a ofensiva da direita, era crucial, para o Partido Trabalhista, expandir a sua base social, pelo reconhecimento das lacunas da sua política corporativista e incorporar as críticas realizadas pelos novos movimentos sociais, cujas demandas democráticas deviam ser articuladas com as da classe trabalhadora. O objetivo era construir um novo bloco histórico em torno do projeto socialista, redefinido nos termos da "radicalização da democracia". Estávamos convencidos de que apenas um projeto hegemônico, visando à extensão dos princípios democráticos da liberdade e da igualdade para um amplo conjunto de relações sociais, poderia oferecer um resultado progressista para a crise.

Infelizmente, o Partido Trabalhista, prisioneiro de sua visão economicista e essencialista, foi incapaz de compreender a necessidade de uma política hegemônica e agarrou-se a uma defesa antiquada de suas posições tradicionais. Desse modo, ele não conseguiu resistir ao ataque das forças opostas ao modelo keynesiano, abrindo o caminho para a vitória cultural e ideológica do projeto neoliberal.

---

[28] LACLAU, Ernesto; MOUFFE, Chantal. *Hegemony and Socialist Strategy: Towards a radical democratic politics*, Nova York e Londres: Verso, 2014, p. 152.

O objetivo de Margaret Thatcher, quando tornou-se primeira-ministra, em 1979, foi quebrar com o consenso do pós-guerra entre conservadores e trabalhistas, o qual ela considerou ser a causa da estagnação britânica. Contrariamente ao Partido Trabalhista, ela estava bem ciente da natureza partidária da política e da importância da luta hegemônica. Sua estratégia, claramente populista, consistiu em traçar uma fronteira política entre, de um lado, as "forças do sistema", identificadas nos burocratas opressivos do Estado, nos sindicatos e naqueles que se beneficiavam dos auxílios estatais, e, do outro lado, o "povo" trabalhador, que era vítima das diversas forças burocráticas e de seus diferentes aliados.

O seu alvo principal foi os sindicatos, cujo poder Thatcher resolveu destruir. Ela engajou-se num confronto direto com o Sindicato Nacional dos Mineiros, liderado por Arthur Scargill, a quem ela declarou ser "o inimigo interno". A greve dos mineiros (1984-1985), o mais amargo conflito laboral da história da Grã-Bretanha, foi um ponto de virada em sua trajetória. Terminou com uma vitória decisiva para o governo, que estava, depois disso, em posição de impor suas condições sobre um movimento sindical enfraquecido e consolidar o seu programa econômico liberal.

No momento em que o consenso keynesiano do pós--guerra foi quebrado, Margaret Thatcher interveio para energicamente desafiar o *status quo*. Erguendo uma fronteira política, ela foi capaz de desarticular os elementos-chave da hegemonia social-democrata e estabelecer uma nova ordem hegemônica, baseada no consentimento popular. Isso é algo que os políticos trabalhistas, com a sua visão essencialista da política, não conseguiram entender. Em vez de desenvolverem uma ofensiva contra-hegemônica, eles foram convencidos de que o aumento do nível de desemprego causado pelas políticas neoliberais e o agravamento das condições dos trabalhadores poderiam colocá-los, em breve, de volta ao governo. Os trabalhistas estavam passivamente esperando a deterioração das condições econômicas do trabalho em seu favor, sem perceber que, enquanto isso, Thatcher consolidava a sua revolução neoliberal.

Stuart Hall, analisando a estratégia hegemônica a que chamou de "thatcherismo" e definindo-a como um "populismo autoritário", notou que o "populismo thatcherista (...) combina os temas ressonantes do conservadorismo (*Toryism*) orgânico — nação, família, dever, autoridade, padrões, tradicionalismo — com os temas agressivos de um neoliberalismo revivido — interesse próprio, individualismo competitivo, antiestatismo".[29] O sucesso de Thatcher em implementar as políticas neoliberais na Grã-Bretanha foi possível por sua capacidade

---

[29] HALL, Stuart. "Learning from Thatcherism", em *The Hard Road to Renewal* (Nova York e Londres: Verso: 1988), p. 271. "Learning from Thatcherism" é o título da conclusão.

de capitalizar as resistências à forma coletivista e burocrática, na qual o Estado de bem-estar social foi implementado.

Thatcher conseguiu o apoio de muitos setores para o seu projeto neoliberal, pois eles foram atraídos por sua celebração da liberdade individual e por sua promessa de libertá-los do poder opressivo do Estado. Tal discurso ressoou até entre os beneficiários da intervenção estatal, por se ressentirem da forma burocrática com que esses benefícios lhes eram frequentemente distribuídos. Ao opor os interesses de algumas categorias de trabalhadores aos das feministas e aos dos imigrantes, apresentados como responsáveis por roubar seus empregos, ela conseguiu conquistar, para o seu lado, importantes setores da classe trabalhadora.

Em sua ofensiva contra a hegemonia social-democrata, Margaret Thatcher interveio em diversas frentes — econômica, política e ideológica — para reconfigurar discursivamente o que era, naquele momento, considerado o "senso comum" e combater os seus valores social-democratas. O objetivo principal era servir ao elo estabelecido entre liberalismo e democracia, através do qual, como CB Macpherson argumentou, o liberalismo havia sido "democratizado".

Friedrich Hayek, o filósofo favorito de Thatcher, insistia acerca da necessidade de reafirmar a "verdadeira" natureza do liberalismo como a doutrina que busca reduzir os poderes do Estado ao mínimo para maximizar o objetivo político central: a liberdade individual. Essa foi a noção que ele negativamente definiu como "aquela condição dos homens, na qual a coerção de alguns por outros é reduzida o máximo possível na sociedade".

Outro movimento em sua estratégia ideológica foi promover a ressignificação da "democracia", subordinando-a à "liberdade". De acordo com Hayek, a ideia de democracia é secundária à ideia de liberdade individual, para que a defesa da liberdade econômica e da propriedade privada substitua a defesa da igualdade como valor privilegiado na sociedade liberal. Para ele, "a democracia é essencialmente um meio, um dispositivo utilitário para salvaguardar a paz interior e a liberdade individual".[30] Ele estava convencido de que, se um conflito ocorresse entre democracia e liberdade, a prioridade deveria ser dada à liberdade, e a democracia deveria ser sacrificada. Em seus últimos anos, ele chegou ao extremo de sugerir a abolição da democracia.

Com um discurso opondo os bons e responsáveis contribuintes às elites burocráticas, as quais estavam restringindo a liberdade dos contribuintes, através do uso abusivo do poder do Estado, Thatcher teve sucesso em consolidar um bloco histórico em torno de sua visão neoliberal e transformou profundamente a configuração das forças sociais e econômicas. Em dado momento, contudo,

---

[30] HAYEK, Friedrich. *The Road of Serfom,* Londres: Routledge, 1944, p. 52.

sua política foi percebida como muito divisionista pelos conservadores e, após ter vencido três eleições, quando, em 1989, a implementação do *poll tax* levou a explosões de violência nas ruas, eles forçaram-na, em 1990, a renunciar.

Naquele momento, no entanto, Margaret Thatcher havia assegurado a sua revolução neoliberal e, quando ela deixou o governo, a visão neoliberal tinha se enraizado tão profundamente no senso comum que, quando o Partido Trabalhista voltou ao poder, em 1997, com Tony Blair, ele nem mesmo tentou desafiar a hegemonia neoliberal. Na verdade, como Hall nos mostrou, encontram-se no discurso do Novo Trabalhismo todas as figuras discursivas centrais do thatcherismo:

> O "contribuinte" (o homem que trabalha duro, o sobretaxado que financia a segurança social "ladra") e o "consumidor" (a dona de casa afortunada, "livre" para exercer a escolha limitada no mercado, para quem a "escolha da agenda" e a entrega personalizada foram especificamente concebidas). Ninguém pensa que pode também ser um cidadão aquele que precisa ou depende dos serviços públicos.[31]

---

[31] HALL, Stuart. "The Neoliberal Revolution", em *The Neoliberal Crisis*, editado por Sally Davison e Katharine Harris, Londres: Lawrence & Wishart, 2015, p. 25.

Não surpreende que, quando perguntada nos últimos anos sobre qual tinha sido a sua grande conquista, Margaret Thatcher respondeu: "Tony Blair e o Novo Trabalhismo. Nós obrigamos os nossos adversários a mudar de ideia".

O que foi, na verdade, a capitulação ao neoliberalismo teorizado pelas pessoas em torno do "Novo Trabalhismo" como uma "terceira via", uma forma de política "além da esquerda e da direita" e apresentada como a mais avançada concepção de "política progressista". Já que a formação hegemônica neoliberal tinha sido firmemente estabelecida, a necessidade de uma fronteira política entre "nós" e "eles" foi considerada como pertencente a um modelo obsoleto de política, e o "consenso no centro" foi celebrado como um passo na direção de uma forma madura de democracia, na qual o antagonismo havia sido eliminado. Esse modelo consensual da "terceira via" foi, mais tarde, adotado como credo pelos principais partidos socialistas e social-democratas europeus. Depois do colapso soviético, esse modelo tornou-se a única visão aceitável para uma esquerda democrática, assinalando a completa transformação da social-democracia em social-liberalismo. Isso criou o terreno para o reinado da pós-política que ofereceu as condições para a consolidação da hegemonia neoliberal na Europa Ocidental.

Essa consolidação da hegemonia neoliberal foi acompanhada por algumas mudanças significativas. Enquanto a ideologia do thatcherismo foi uma combinação de temas conservadores do conservadorismo orgânico com práticas econômicas neoliberais, o neoliberalismo, que se tornou hegemônico nos últimos anos, afastou-se da ideologia conservadora tradicional. Para responder à transformação no modo de regulação do capitalismo, ligada à transição de um fordismo a um pós-fordismo, a formação hegemônica neoliberal incorporou diversos temas da contracultura. No seu livro *O Novo Espírito do Capitalismo* (*The New Spirit of Capitalism*), Luc Boltanski e Eve Chiapello trazem à luz a maneira como os capitalistas, confrontados pelos desafios representados pelos novos movimentos, conseguiram usar as demandas por autonomia desses movimentos, aproveitando-as no desenvolvimento da economia em rede do pós-fordismo e transformando-as em novas formas de controle.[32] Diversas formas de "crítica artística", termo que eles usam para referirem-se às estratégias estéticas da contracultura, incluindo a busca por autenticidade, o ideal da autogestão e da exigência anti-hierárquica, foram usados para promover as condições requeridas pelo novo modo de regulação capitalista, substituindo a estrutura disciplinar característica do período fordista. Isso criou as condições favoráveis para cooptar e neutralizar muitas demandas dos novos movimentos sociais, usando-as para liberalizar o trabalho e promover um individualismo egoísta.

---

[32] BOLTANSKI, Luc e CHIAPELLO, Eve. *The New Spirit of Capitalism*, Londres e Nova York: Verso, 2005.

Diversos teóricos de esquerda foram muito críticos a Boltanski e Chiapello, acusando-os de apresentar os movimentos de contracultura como sendo responsáveis pela vitória dos valores neoliberais. Tal interpretação está baseada numa má-compreensão de sua abordagem, cujo interesse, sob uma perspectiva hegemônica, como salientei em *Agonísticos* (*Agonistics*), permite-nos visualizar a transição do fordismo ao pós-fordismo, nos termos que Gramsci chama de "hegemonia através da neutralização" ou "revolução passiva".[33] Com isso, ele refere-se à situação em que as demandas que desafiam a ordem hegemônica são recuperadas pelo sistema existente, satisfazendo-as de uma forma que neutraliza o seu potencial subversivo. Graças ao processo de "desvio" (*détournement*) dos discursos e das práticas da crítica da contracultura, o capital foi capaz de resistir ao desafio que aquelas demandas poderiam representar a sua legitimidade e consolidar a sua supremacia.

Essa solução funcionou por um tempo, mas, após anos de hegemonia incontestável, o neoliberalismo agora entrou em crise e surgiu a possibilidade da esquerda construir uma ordem hegemônica diferente. Esta é uma oportunidade que não pode ser perdida, e, considerando como intervir nesta conjuntura, proponho aprendermos com a estratégia de Thatcher. Isso pode ser visto como

---

[33] MOUFFE, Chantal. *Agonistics: Thinking the World Politically*, Londres e Nova York: Verso, 2013).

uma provocação, mas não sou a primeira a fazer tal proposta — embora, em um contexto diferente, também foi o que Stuart Hall sugeriu em seu livro *The Hard Road to Renewal* (*O Duro Caminho para a Renovação*), quando ele salientou que, ao contrário do Partido Trabalhista, Thatcher foi capaz de desenvolver um projeto político hegemônico, colocando em jogo uma gama de diferentes estratégias sociais e econômicas sem negligenciar a dimensão ideológica.

A atual crise da formação hegemônica neoliberal oferece a oportunidade de intervenção para estabelecer uma ordem diferente. Deveríamos seguir o caminho de Thatcher, adotando uma estratégia populista, mas agora com um objetivo progressista, intervindo numa multiplicidade de frentes para construir uma nova hegemonia, visando recuperar e aprofundar a democracia. O momento populista pede por esse tipo de intervenção.

Enquanto a crise do neoliberalismo oferece a oportunidade de construir uma nova ordem hegemônica, não há garantia de que essa nova ordem trará avanços democráticos significativos, podendo ela, até mesmo, ser de natureza autoritária. Por isso, é crucial para a esquerda não repetir os erros do passado. É imperativo que ela renuncie à concepção essencialista da política que a impede de compreender a sua dimensão hegemônica.

É urgentemente necessária uma estratégia populista de esquerda que vise à construção de um "povo", combinando as variadas resistências democráticas contra a pós-democracia, para estabelecer uma formação hegemônica democrática. Isso exigirá uma transformação profunda das relações de poder existentes e a criação de novas práticas democráticas, mas afirmo que não é preciso uma ruptura "revolucionária" com o regime democrático-liberal. Sem dúvida, há aqueles à esquerda que alegarão que tal hipótese é inviável. No entanto, considero que a experiência do thatcherismo mostra que, nas sociedades europeias, é possível promover uma transformação da ordem hegemônica existente sem destruir as instituições democrático-liberais.

A estratégia populista de esquerda precisa desafiar esta visão, mas as relações de forças estão claramente menos favoráveis hoje do que na conjuntura que examinamos em *Hegemonia e Estratégia Socialista*. Durante os anos da hegemonia neoliberal, muitos avanços social-democráticos foram desmantelados. Encontramo-nos numa situação paradoxal de ter de defender várias instituições do Estado de bem-estar que antes criticávamos por não serem suficientemente radicais.

No momento da crise do consenso do pós-guerra, a social-democracia, apesar de enfraquecida pelo crescimento da inflação e da recessão econômica, não tinha sido ideologicamente derrotada ainda. Se tivesse sido capaz de projetar uma estratégia hegemônica adequada, poderia ter conseguido defender seus avanços sociais.

Muitos valores democráticos que foram elementos centrais do senso comum social-democrata estavam ainda em vigor e era possível considerar o projeto da esquerda em termos de sua radicalização. Obviamente esse não é mais o caso e não há nenhuma maneira de pensarmos em "radicalizar" o neoliberalismo. Atualmente, antes de sermos capazes de radicalizar a democracia, é necessário, primeiro, recuperá-la.

A conjuntura atual convoca para uma ruptura com a formação hegemônica existente, e isso é algo que os partidos sociais liberais são incapazes de reconhecer. Esses partidos tornaram-se profundamente integrados à formação econômica neoliberal, e o seu discurso reformista não permite-lhes traçar uma fronteira política e visualizar uma perspectiva alternativa. Para que esses partidos sejam capazes de oferecer uma solução para a crise, é necessária uma transformação profunda de suas identidades e de suas estratégias.

Desde o colapso do modelo soviético, muitos setores da esquerda tornaram-se incapazes de visualizar uma alternativa à perspectiva liberal da política diferente daquela revolucionária que eles abandonaram. O reconhecimento de que o modelo de política "amigo-inimigo" é incompatível com a democracia pluralística e de que a democracia liberal não é um inimigo a ser destruído deve ser aplaudido. Contudo, isso os levou a negar a existência do antagonismo por completo e a aceitar a concepção liberal, que reduz a política à competição entre elites em um terreno neutro. A inabilidade de considerar a estratégia hegemônica é, acredito, a principal deficiência dos partidos social-democratas. Isso é o que os impede de entender a possibilidade de uma política adversarial, agonística, orientada para o estabelecimento de uma ordem hegemônica diferente dentro da estrutura democrático-liberal.

Felizmente, há algumas exceções, como evidenciado pela evolução do Partido Trabalhista britânico que, sob a liderança de Jeremy Corbyn, vem implementando o que corresponde a uma estratégia populista de esquerda. Contrariamente aos setores do trabalhismo que desejam manter o modelo consensual instaurado por Tony Blair, os seguidores de Corbyn e o movimento *Momentum* têm estabelecido uma fronteira política entre o povo e o sistema. É muito revelador que, na recente campanha eleitoral, eles tenham usado o *slogan* blairista "Para muitos, não poucos", mas ressignificaram-no numa forma agonística, construindo uma fronteira política entre "nós" e "eles".

Realizando uma clara ruptura com a pós-política dos anos de Blair e criando um programa radical, o repolitizado Partido Trabalhista de Corbyn foi capaz de reconquistar muitos eleitores desiludidos e atrair um enorme número de seguidores entre os jovens. Isso atesta a capacidade do populismo de esquerda de dar um novo impulso para a política democrática.

O significativo crescimento da adesão ao Partido Trabalhista de Corbyn também indica que, ao contrário do que muitos cientistas políticos estão afirmando, a "forma" partido não se tornou obsoleta e pode ser reativada. De fato, o Partido Trabalhista, com quase 600 mil membros, é hoje o maior partido de esquerda europeu. Isso mostra que o desinteresse experimentado pelos partidos políticos nos últimos anos foi uma consequência da falta de alternativa pós-política oferecida aos cidadãos, e que essa situação é revertida quando lhes é dada a possibilidade de se identificarem com um programa de radicalização da democracia.

RADICALIZANDO A DEMOCRACIA

O que significa radicalizar a democracia? Isso precisa ser esclarecido, pois existem muitas concepções de democracia radical, além de sérias incompreensões que surgiram com relação à "democracia radical e plural", defendida em *Hegemonia e Estratégia Socialista*. Algumas pessoas acreditaram que estávamos apelando por uma ruptura total com a democracia liberal e pela criação de um regime completamente novo. Na verdade, o que estávamos defendendo era a "radicalização" dos princípios ético-políticos do regime democrático-liberal, com "liberdade e igualdade para todos".

Uma dimensão importante desse projeto foi questionar a crença entre algumas pessoas da esquerda de que, para avançar em direção a uma sociedade mais justa, seria necessário renunciar às instituições democrático-liberais e construir uma *politeia* completamente nova, uma nova comunidade política do zero. Afirmamos que, em sociedades democráticas, posteriores avanços democráticos fundamentais poderiam ser realizados através de um compromisso crítico com as instituições existentes.

O problema das sociedades democráticas modernas, na nossa opinião, é o fato de seus princípios constitutivos de "liberdade e igualdade para todos" não terem sido colocados em prática. A tarefa da esquerda não era rejeitá-los, mas lutar por sua efetiva implementação. A "democracia radical e plural" que defendemos pode, portanto, ser concebida como uma radicalização das instituições democráticas existentes, tendo como resultado a efetivação dos princípios de liberdade e igualdade num crescente número de relações sociais. Isso não requer um rompimento radical de tipo revolucionário, implicando uma refundação total. No entanto, isso poderia ser alcançado de maneira hegemônica, através de uma crítica imanente que mobilizasse os recursos simbólicos da tradição democrática.

Considero ser também por meio de uma crítica imanente que uma estratégia populista de esquerda poderia intervir para desafiar a pós-democracia e reestabelecer a centralidade dos valores democráticos da igualdade e da soberania popular. Tal modo de intervenção é possível, porque, apesar de terem sido relegados pelo neoliberalismo, os valores democráticos ainda têm um papel significativo no imaginário político de nossas sociedades. Além disso, seu sentido crítico pode ser reativado para subverter a ordem hegemônica e criar uma diferente, o que é corroborado pelo fato de que muito da resistência contra a condição pós-democrática vem sendo expressa em nome da igualdade e da soberania popular.

Enquanto não há dúvida de que o atual retrocesso social e político foi provocado pelas políticas neoliberais, é notável que a maioria desses protestos não tomam a forma de uma rejeição direta ao capitalismo financeiro e ao neoliberalismo, mas de uma condenação das elites estabelecidas, vistas como responsáveis pela imposição, sem consulta popular, de políticas que privilegiam os seus interesses.

Portanto, é através da linguagem democrática que muitos cidadãos podem articular seus protestos. É, sem dúvida, significativo que as deficiências do sistema político e das instituições democráticas tenham sido os principais alvos do "movimento das praças", tendo eles apelado não pelo "socialismo", mas por uma "democracia real". Lembremos do lema dos Indignados na Espanha: "Temos voto, mas não temos voz".

Inscrever a estratégia populista de esquerda na tradição democrática é, na minha opinião, o movimento decisivo, pois, ele estabelece uma conexão com os valores políticos que são centrais para as aspirações populares. O fato de que muitas resistências contra várias formas de opressão são expressas como demandas democráticas atesta o papel crucial desempenhado pelo significante "democracia" no imaginário político. É claro, esse significante é frequentemente violado, mas ele não perdeu o seu potencial radical. Quando usado criticamente, enfatizando a sua dimensão igualitária, ele constitui uma arma poderosa na luta hegemônica para criar um novo senso comum. De fato, Gramsci sugeriu tal caminho quando afirmou que "não era uma questão de introduzir, do zero, uma forma científica de pensamento na vida individual de todos, mas de renovar e tornar 'crítica' uma atividade já existente".[34]

Para apreender o papel do discurso democrático na constituição da subjetividade política, é necessário entender que as identidades políticas não são a expressão direta de posições objetivas na ordem social. Isso confirma a importância de uma abordagem antiessencialista no campo da política. Como se afirma em *Hegemony and Socialist Strategy*, não há nada natural ou inevitável nas lutas contra as relações de poder, nem na forma que elas vão tomar.

A luta contra as formas de subordinação não pode ser o resultado direto da própria situação de subordinação. Para que as relações de subordinação sejam transformadas em locais de antagonismo, é necessária a presença de um "exterior" discursivo, a partir do qual o discurso de subordinação pode ser interrompido. É precisamente isso que o discurso democrático tornou possível. É graças ao discurso democrático, que fornece o principal vocabulário político das sociedades ocidentais, que as relações de subordinação podem ser postas em questão.

---

[34] GRAMSCI, Antonio. *Prison Notebooks*. Londres: Lawrence & Wishart, 1971, p. 30.

Quando os princípios da liberdade e da igualdade tornaram-se a matriz de um imaginário democrático? A mutação decisiva no imaginário político das sociedades ocidentais ocorreu na época que Tocqueville chamou de "revolução democrática". Como Claude Lefort demonstrou, seu momento definitivo foi a Revolução Francesa, com a sua nova afirmação do poder absoluto do povo. Isso iniciou um novo modo simbólico das instituições sociais, que rompeu com a matriz teológico-política e, com a *Declaração dos Direitos do Homem*, forneceu um vocabulário para questionar as diferentes formas de desigualdade como ilegítimas.[35] Tocqueville percebeu o caráter subversivo do que ele chamou de a "paixão pela igualdade", quando escreveu:

> É impossível acreditar que a igualdade não penetrará finalmente no mundo político como em outros domínios. Não é possível conceber os homens como eternamente desiguais entre si em um ponto e iguais em outros; num certo momento, eles serão iguais em todos os pontos.[36]

---

[35] LEFORT, Claude. *Democracy and Political Theory*, tradução de David Macey, Cambridge, Reino Unido: Polity Press, 1988, capítulo 1.
[36] TOCQUEVILLE, Alexis de. *De la démocratie en Amérique*, vol. 1, Paris: Flammarion, 1981, p. 115.

Com certeza, como aristocrata, Tocqueville não comemorou a vinda dessa nova Era, mas ele estava resignado com a sua inevitabilidade. E o que ele previu se tornou realidade. Da crítica à desigualdade política, essa "paixão pela igualdade" levou, através de diferentes discursos socialistas e de lutas que eles fundamentaram, ao questionamento da desigualdade econômica, abrindo, assim, um novo capítulo da revolução democrática. Com o desenvolvimento dos "novos movimentos sociais", um novo capítulo foi aberto, o capítulo que vivemos neste momento, caracterizado pelo questionamento de muitas outras formas de desigualdade.

É notável que, depois de mais de duzentos anos, o poder do imaginário democrático permaneça em vigor, encorajando a busca por igualdade e liberdade, numa multiplicidade de novos domínios. Isso não nos deveria fazer acreditar, contudo, que estamos assistindo a uma evolução linear e inelutável na direção de uma sociedade igualitária, como os crimes cometidos pelo Ocidente durante os últimos séculos claramente demonstram. Além disso, como já indiquei, liberdade e igualdade nunca podem ser perfeitamente reconciliadas e estão sempre em tensão.

Principalmente, elas apenas existem quando inscritas em diferentes formações hegemônicas, sob interpretações específicas, em que seus sentidos podem ser contestados. Uma formação hegemônica é uma configuração de práticas sociais de diferentes naturezas: econômica, cultural, política e jurídica, cuja articulação é assegurada em torno de alguns significantes simbólicos centrais que formam o "senso comum" e fornecem a estrutura normativa de uma dada sociedade. O objetivo da luta hegemônica consiste em desarticular práticas sedimentadas de uma formação existente e, através da transformação dessas práticas e da instauração de outras novas, estabelecer pontos nodais de uma nova formação social hegemônica. Esse processo é um passo necessário, bem como a rearticulação dos significantes hegemônicos e seu modo de institucionalização. Articular claramente a democracia com direitos iguais, apropriação social dos meios de produção e soberania popular ordenará uma política muito diferente e fundamentará diferentes práticas sócio-econômicas de democracia articulada com o livre mercado, a propriedade privada e o individualismo desenfreado. Vimos, na transição hegemônica para o neoliberalismo, como Margaret Thatcher conseguiu, graças a sua capacidade de desembaraçar a articulação social-democrata da liberdade e da igualdade, promover um novo entendimento desses valores, o que tornou possível a implementação do seu projeto neoliberal.

Para entender o que está em jogo na transição de uma formação hegemônica para outra, é necessário fazer uma distinção metodológica entre dois níveis de análise: os princípios ético-políticos da *politeia* social-
-democrata e as suas diferentes formas hegemônicas de inscrição. Tal distinção é crucial para a política demo-

crática, porque, revelando uma variedade de formações hegemônicas compatíveis com uma forma democrático-liberal de sociedade, ajuda-nos a visualizar a diferença entre uma transformação hegemônica e uma ruptura revolucionária.

Uma sociedade democrático-liberal supõe a existência de uma ordem institucional fundamentada por princípios ético-políticos que constituem seus princípios de legitimidade. No entanto, isso permite uma multiplicidade de formas, nas quais esses princípios são articulados e institucionalizados em formações hegemônicas específicas. O que está em jogo, numa transformação hegemônica, é a constituição de um novo bloco histórico, baseado numa articulação diferente entre os princípios políticos constitutivos do regime democrático-liberal e as práticas sócio-econômicas nas quais eles estão institucionalizados. No caso de uma transição de uma ordem hegemônica para outra, aqueles princípios políticos permanecem em vigor, mas eles são interpretados e institucionalizados de uma maneira diferente. Esse não é o caso de uma "revolução", entendida como uma ruptura total com um regime político e com a adoção de novos princípios de legitimidade.

A estratégia do populismo de esquerda busca o estabelecimento de uma nova ordem hegemônica na estrutura constitucional democrático-liberal e não visa a uma ruptura radical com a democracia pluralista liberal e a fundação de uma ordem política totalmente nova. Seu objetivo é a construção de uma vontade coletiva, um "povo" apto a produzir uma nova formação hegemônica, que restabelecerá a articulação entre liberalismo e democracia, a qual foi rejeitada pelo neoliberalismo, colocando os valores democráticos em protagonismo. O processo de recuperação e de radicalização das instituições democráticas incluirá, sem dúvida, momentos de ruptura e uma confrontação com os interesses econômicos dominantes, mas isso não requer renunciar aos princípios de legitimidade democrático-liberais.

Tal estratégia hegemônica relaciona-se com as instituições políticas existentes, na perspectiva de transformá-las, através de procedimentos democráticos e de rejeitar o falso dilema entre reforma e revolução. É, portanto, claramente diferente de uma estratégia revolucionária da "extrema esquerda" e de um reformismo estéril dos social-liberais, que buscam apenas a mera alternância no governo. Isso poderia ser chamado de "reformismo radical" ou, seguindo Jean Jaures, "reformismo revolucionário", para indicar a dimensão subversiva das reformas e o fato de que o que elas buscam, embora através de meios democráticos, é uma transformação profunda da estrutura das relações sócio-econômicas de poder.

Dentro do espectro do que é geralmente entendido como "a esquerda", poderia, assim, distinguir três tipos de políticas. O primeiro é o "reformismo puro", que aceita os princípios de legitimidade da democracia liberal e a formação social hegemônica neoliberal existente; o segundo é o "reformismo radical", que aceita os princípios de legitimidade, mas tenta implementar uma formação hegemônica diferente; e, finalmente, a "política revolucionária", que visa a uma ruptura total com a ordem sócio-política existente. Sob essa terceira categoria, encontramos não apenas a política leninista tradicional, mas também outros tipos, como aqueles promovidos pelos anarquistas ou pelos defensores da "insurreição", que apelam por uma rejeição total do Estado e das instituições democrático-liberais.

A natureza e o papel do Estado constituem-se no ponto central de divergência entre essas três formas de política de "esquerda". Enquanto a visão reformista concebe o Estado como uma instituição neutra, cujo papel é conciliar os interesses dos vários grupos sociais, a revolucionária o vê como uma instituição opressora que tem de ser abolida; a perspectiva reformista radical aborda a questão do Estado de uma forma diferente. Influenciada por Gramsci, ela concebe o Estado como a cristalização das relações de forças e como um terreno de luta. Ele não é um meio homogêneo, mas um conjunto desigual de ramificações e funções, apenas relativamente integrado por práticas hegemônicas que nele ocorrem.

Uma das contribuições-chave de Gramsci para a política hegemônica é a sua concepção de "Estado integral",

tica hegemônica é a sua concepção de "Estado integral", a qual ele concebeu incluindo a sociedade política e a sociedade civil. Isso não deve ser entendido como uma "estatização" da sociedade civil, mas uma indicação do caráter profundamente político da sociedade civil, apresentada como o terreno da luta pela hegemonia. Nessa perspectiva, ao lado do aparato tradicional de governo, o Estado é também composto de vários aparatos e de espaços públicos onde diferentes forças lutam pela hegemonia.

Considerados uma superfície para intervenções agonísticas, esses espaços públicos podem proporcionar o terreno para avanços democráticos importantes. É por essa razão que uma estratégia hegemônica deve envolver-se com diversos aparatos do Estado para transformá-los, assim como para fazer do Estado um veículo para a expressão de múltiplas demandas democráticas. O que está em questão não é o "definhamento" do Estado e das instituições pelas quais o pluralismo está organizado, mas uma transformação profunda dessas instituições para colocá-las a serviço de um processo de radicalização da democracia. O objetivo não é a *tomada* do poder do Estado, mas, como afirma Gramsci, "*tornar-se* Estado".

Como entender a política "radical" de acordo com essa perspectiva? Num certo sentido, tanto o tipo revolucionário de política quanto o hegemônico podem ser chamados de "radicais", uma vez que eles implicam uma forma de ruptura com a ordem hegemônica existente. No entanto, essa ruptura não é da mesma natureza e é inapropriado colocá-los na mesma categoria, identificada como "extrema esquerda", como frequentemente acontece.

Ao contrário do que geralmente se pensa, a estratégia populista de esquerda não é um avatar da "extrema esquerda", mas uma maneira diferente de considerar a ruptura com o neoliberalismo, através da recuperação e da radicalização da democracia. O movimento atual dos defensores do *status quo* para rotular como "extrema esquerda" todas as críticas à ordem neoliberal e apresentá-las como um perigo à democracia é uma tentativa desonesta de impedir qualquer tipo de desafio à ordem hegemônica existente. Como se a escolha fosse limitada a aceitar a formação hegemônica neoliberal atual como a única forma legítima de democracia liberal ou rejeitá-la completamente.

É interessante notar que encontramos o mesmo dilema entre aqueles à esquerda, que afirmam que a radicalização da democracia requer renunciar à democracia liberal. Em muitos casos, esse falso dilema provém de uma confusão comum entre as instituições políticas da democracia liberal e o modo de produção capitalista. Embora seja verdade que tal articulação é a que encontramos historicamente até o momento, ela é contingente.

Apesar de muitos teóricos liberais alegarem que o liberalismo político implica necessariamente o liberalismo econômico e que a sociedade democrática requer uma economia capitalista, está claro que não há uma relação necessária entre capitalismo e democracia liberal. É lamentável que o marxismo tenha contribuído para essa confusão, apresentando a democracia liberal como a superestrutura do capitalismo. É realmente lastimável que essa abordagem economicista seja ainda aceita por vários setores da esquerda que reivindicam a destruição do Estado liberal. É dentro da estrutura dos princípios constitutivos do Estado liberal — divisão de poderes, sufrágio universal, sistema multipartidário e direitos civis — que será possível avançar na totalidade das demandas democráticas atuais. Lutar contra a pós-democracia não consiste em descartar esses princípios, mas em defendê-los e radicalizá-los.

O que não significa aceitar a ordem capitalista como a única possível e, embora permaneça dentro da estrutura política democrático-liberal, a política do reformismo radical que defendo não é, dessa forma, incapaz de desafiar as relações capitalistas de produção. Por tal razão que é importante distinguir o liberalismo político do liberalismo econômico.

O processo de radicalização da democracia inclui necessariamente uma dimensão anticapitalista, pois muitas formas de subordinação, que precisam ser desafiadas, são consequência das relações capitalistas de produção. Entretanto, não há razão para supor que a classe trabalhadora tenha um papel privilegiado *a priori* na luta an-

priori nessa luta anticapitalista. Existem muitos pontos de antagonismo entre o capitalismo e os vários setores da população, e isso significa que, quando essa luta for encarada como extensão dos princípios democráticos, haverá uma variedade de lutas anticapitalistas. Em algumas situações, elas até podem não ser percebidas pelas pessoas nelas envolvidas, como "anticapitalista", e muitas serão conduzidas em nome da igualdade e concebidas como lutas pela democracia.

As pessoas não lutam contra o "capitalismo", como uma entidade abstrata, pois elas acreditam em uma "lei da história" que leva ao socialismo. É sempre com base em situações concretas que elas são levadas a agir, se lutam por igualdade, é porque sua resistência às várias formas de dominação está fundamentada em valores democráticos e é, ao redor desses valores, abordando suas aspirações reais e subjetividades, e não em nome do anticapitalismo, que as pessoas podem ser mobilizadas. Mesmo marxistas, como David Harvey, parecem concordar com essa perspectiva. Harvey escreve: "é a natureza profundamente antidemocrática do neoliberalismo, apoiada pelo autoritarismo dos neoconservadores, que deve ser, sem dúvida, o foco principal da luta social".[37]

O erro fundamental da "extrema esquerda" foi sempre ignorar isso, pois não se envolve com a forma como as pessoas são na realidade, mas como elas deveriam ser,

---

[37] HARVEY, David. *A Brief History of Neoliberalism*, Nova York: Oxford University Press, 2005.

ignorar isso, pois não se envolve com a forma como as pessoas são na realidade, mas como elas deveriam ser, de acordo com suas teorias. Consequentemente, ela se vê no papel de fazê-las perceber a "verdade" sobre sua situação. Em vez de nomear os adversários, de forma que as pessoas possam identificá-los, ela usa categorias abstratas como "capitalismo", falhando, assim, em mobilizar a dimensão afetiva necessária para motivar as pessoas a agir politicamente. Ela é, na verdade, insensível às demandas efetivas das pessoas. Sua retórica anticapitalista não encontra eco nos grupos, cujos interesses ela finge representar. É por essa razão que a esquerda permanece frequentemente em posições marginais.

O objetivo de uma estratégia populista de esquerda é a criação de uma maioria popular para chegar ao poder e estabelecer uma hegemonia progressista. Não há nenhum modelo de como isso acontecerá ou um destino final. A cadeia de equivalência, através da qual o "povo" será constituído, dependerá das circunstâncias históricas. Sua dinâmica não pode ser determinada isoladamente de toda referência contextual.

O mesmo vale para a nova hegemonia que essa estratégia procura trazer. O que está em questão não é o estabelecimento de um "regime populista", com um programa pré-definido, mas a criação de uma formação hegemônica que estimulará a recuperação e o aprofundamento da democracia. Tal hegemonia terá nomes diferentes, de acordo com as trajetórias específicas envolvidas. Ela poderia ser concebida como "socialismo democrático", "ecossocialismo", "democracia associativa" ou "democracia participativa"; tudo depende dos contextos e das tradições nacionais.

O que é importante, seja qual for o nome, é o reconhecimento de que "democracia" é o significante hegemônico em torno do qual as diversas lutas são articuladas e que o liberalismo político não está descartado. Um termo apropriado poderia ser "socialismo liberal", com o qual Norberto Bobbio se refere à formação social que combina as instituições democrático-liberais e uma estrutura econômica com diversas características socialistas.

Entendendo o socialismo como a democratização do Estado e da economia, Bobbio afirma em várias obras, em que examina a articulação entre socialismo e democracia liberal, que um socialismo democrático precisa ser de tipo liberal.[38] Vislumbrando o objetivo do socialismo, como o aprofundamento dos valores democráticos liberais, ele está convencido de que a realização de seus objetivos não requer uma ruptura com o governo constitucional e o Estado de Direito. Bobbio defende fortemente a ideia de que os objetivos do socialismo poderiam ser realizados dentro da estrutura da democracia

---

[38] Veja, por exemplo, BOBBIO, Norberto. *The Future of Democracy: A defense of the rules of the game,* tradução de Roger Griffin, Londres: Polity Press, 1987; e *Which Socialism? Marxism, Socialism and Democracy,* tradução de Roger Griffin, Londres: Polity Press: 1987.

liberal, insistindo que eles poderiam ser somente realizados no interior dessa estrutura.

Considerado dessa forma, o projeto de radicalização da democracia compartilha algumas características com a social-democracia antes de sua conversão ao liberalismo social, mas isso não é um simples retorno ao modelo do pós-guerra de compromisso entre capital e trabalho. Tal comparação não poderia mais funcionar. Além da necessidade de levar em consideração as novas demandas democráticas, a defesa do meio ambiente é claramente uma das principais razões que explicam o porquê de um retorno ao modelo do pós-guerra não ser mais possível. Promovendo a demanda do consumidor e o crescimento econômico, as soluções keynesianas são os motores da destruição ambiental. Como defenderei no próximo capítulo, para enfrentar o desafio da crise ecológica, um projeto democrático radical necessita articular as questões sociais e ecológicas. É preciso imaginar uma nova síntese entre os aspectos-chave das tradições socialista e democrática em torno de um novo modelo de desenvolvimento.

Como indiquei no início deste capítulo, existem muitas formas de compreender a democracia radical e as diferenças e os desacordos merecem ser considerados. O principal desacordo da minha definição em relação a muitas outras envolve a questão da democracia representativa, a qual é frequentemente considerada um oximoro por muitos teóricos democráticos radicais. Alguns deles afirmam, por exemplo, que os movimentos de protesto que vimos nos últimos anos indicam o declínio do modelo representativo e representam uma reivindicação por uma democracia não representativa, uma "democracia *in actu*". Em *Agonísticos* (*Agnonistics*), critiquei essa visão e defendi que não estávamos enfrentando uma crise da democracia representativa "*per si*", mas uma crise da sua atual encarnação pós-democrática.[39]

Essa crise se deve à ausência de um confronto agonístico, e a solução não pode residir no estabelecimento de uma democracia "não representativa". Discordando da ideia de que as lutas extraparlamentares seriam o único meio para a realização dos avanços democráticos, afirmei que, em vez da estratégia de deserção e êxodo defendida por Michael Hardt e Antonio Negri, era preciso uma estratégia de "engajamento" com o Estado e com as instituições representativas, com o objetivo de transformá-los profundamente.

É interessante notar que, em *Assembly*, Hardt e Negri mudaram significativamente sua posição com relação à estratégia do êxodo. Eles agora declaram que a Multidão não deve seguir o caminho do êxodo e da retirada e que ela não pode escapar à necessidade de tomar o poder, mas insistem na necessidade de "tomar o poder diferen-

---

[39] MOUFFE, Chantal. *Agonistics: Thinking the World Politically*, Londres e Nova York: Verso, 2013, capítulo 6.

todo caso, eles não parecem ter abandonado a ideia de que a Multidão poderia se auto-organizar. Se eles agora reconhecem o papel da liderança, afirmam que ela deve estar limitada à tomada de decisões táticas, enquanto as estratégicas devem estar reservadas à Multidão. Como eles afirmam:

> A "liderança" deve estar constantemente subordinada à multidão, implantada e dispensada como impõe a situação. Se os líderes são ainda necessários e possíveis nesse contexto, é apenas porque eles servem à multidão produtiva. Isso não é uma eliminação da liderança, mas uma inversão da relação política que a constitui, uma inversão da polaridade que vincula os movimentos horizontais e a liderança vertical.[41]

Eles afirmam, graças a essa inversão, serem capazes de evitar o problema que todos os tipos de populismo enfrentam, seja de esquerda, seja de direita, os quais são "caracterizados por um paradoxo central: a constante retórica do poder do povo, mas o controle final e a tomada de decisão por um pequeno círculo de políticos".[42]

Central à perspectiva de Hardt e Negri é a noção de "o comum", a qual, definida em contraste à propriedade pública e privada, constitui o elemento-chave de sua

---

[41] Ibid., p. xv.
[42] Ibid., p. 23.

"o comum", a qual, definida em contraste à propriedade pública e privada, constitui o elemento-chave de sua abordagem. Nesse aspecto, *Assembly* segue suas análises anteriores de *Bem-Estar Comum* (*Commonwealth*), quando eles afirmam que a produção biopolítica cria a condição para uma democracia da multidão, pois ela produz formas de subjetividade econômica e política, que são uma expressão de "o comum". Como o trabalho é cada vez mais responsável por gerar cooperação sem a necessidade da intervenção do capital, a produção biopolítica traz novas capacidades democráticas. De acordo com eles, uma sociedade construída segundo o princípio de "o comum" já está, portanto, evoluindo, através dos processos de informatização e de desenvolvimento do capitalismo cognitivo.

Independentemente do valor da análise dos autores sobre o processo produtivo, a qual foi muito criticada, o que vejo como problemático na sua celebração de "o comum" é a ideia de que ela pode fornecer o princípio fundamental de organização da sociedade. O problema central dessa celebração de "o comum", que é encontrado, embora de diferentes maneiras, no trabalho de muitos outros teóricos, é que, postulando uma concepção de multiplicidade livre da negatividade e do antagonismo, ela não dá lugar para o reconhecimento da natureza necessariamente hegemônica da ordem social. No caso de Hardt e Negri, sua recusa da representação e da soberania procede de uma ontologia imanentista, que está claramente em contradição com aquela que fundamenta a minha concepção de democracia radical.

Pode-se também encontrar uma crítica da representação em outra proposta para radicalizar a democracia. Nesse caso, a antiga prática de seleção do sorteio é apresentada por vários teóricos como a solução para a crise da representação que atualmente afeta as nossas sociedades democráticas. Tais defensores afirmam que a democracia representativa foi inventada para excluir o povo do poder e que a única forma para estabelecer uma verdadeira ordem democrática é abandonar o modelo eleitoral e substituí-lo pelo sorteio.[43]

Essa visão está errada, porque ela reduz a representação às eleições e não reconhece o papel da representação numa democracia pluralista. A sociedade é dividida e atravessada por relações de poder e por antagonismos, em que as instituições representativas desempenham um papel crucial, permitindo a institucionalização dessa dimensão conflituosa. Por exemplo, numa democracia pluralista, os partidos políticos fornecem estruturas discursivas que permitem às pessoas compreender o mundo social no qual elas estão inseridas e percebam seus pontos falhos.

Se aceitarmos que a consciência do agente social não

---

[43] Veja, por exemplo, REYBROUCK, David Van. Against Elections: *The case for democracy*, tradução de Liz Waters, Londres: Vintage, 2016.

é a expressão direta de sua posição "objetiva" e que ela é sempre discursivamente construída, fica claro que as subjetividades políticas serão formadas por discursos políticos em competição e que os partidos políticos são essenciais para sua elaboração. Eles fornecem os marcadores simbólicos que permitem às pessoas se situar no mundo social e dar sentido às suas vivências. Nos anos recentes, contudo, esses espaços simbólicos foram cada vez mais ocupados por outros de diversas naturezas e isso gerou consequências muito negativas para a sociedade democrática. Devido ao giro pós-político, os partidos perderam seu poder de desempenhar um papel simbólico, mas isso não deve nos levar à conclusão de que a democracia poderia desempenhar esse papel sem eles. Como tenho repetidamente afirmado, uma sociedade democrática pluralista, que não preveja um pluralismo antipolítico harmonioso e onde é reconhecida a possibilidade sempre presente do antagonismo, não pode existir sem representação.

Um pluralismo efetivo pressupõe a presença de uma confrontação agonística entre projetos hegemônicos. É através da representação que sujeitos políticos coletivos são criados: eles não existem previamente. Em vez de tentar encontrar uma solução para a crise da democracia num modelo como o do sorteio, que não reconhece a natureza coletiva da subjetividade política e prevê o exercício da democracia com base em pontos de vista individuais, é urgente restaurar as dinâmicas agonísticas constitutivas de uma democracia vibrante. Longe de ser um procedimento apto a estabelecer uma democracia melhor, a seleção pelo sorteio promove uma visão da política como o terreno em que os indivíduos, livres de vínculos sociais constitutivos, defenderiam suas opiniões pessoais.

O problema principal das instituições representativas existentes é que elas não permitem a confrontação agonística entre diferentes projetos de sociedade, o que é a própria condição de uma democracia vibrante. É a falta de uma confrontação agonística, não o fato da representação, o que priva os cidadãos de voz. O remédio não está na abolição da representação, mas em fazer nossas instituições mais representativas. Esse é, na verdade, o objetivo de uma estratégia populista de esquerda.

A CONSTRUÇÃO DE UM POVO

Quando eu e Ernesto Laclau escrevemos *Hegemonia e Estratégia Socialista*, o desafio da política de esquerda era reconhecer as demandas dos "novos movimentos" e a necessidade de articulá-los junto às demandas mais tradicionais dos trabalhadores. Hoje em dia, o reconhecimento e a legitimidade dessas demandas avançaram significativamente, e muitas delas foram integradas na agenda da esquerda. Na verdade, é possível argumentar que a situação de hoje é oposta àquela que criticamos há trinta anos e que agora são as demandas da "classe trabalhadora" que são negligenciadas.

Outra diferença entre o presente e o passado é que o neoliberalismo está na origem de muitos novos antagonismos que, como aqueles que surgem com a destruição do Estado de bem-estar social, afetam numerosos setores da população. Alguns desses antagonismos se devem ao fenômeno que David Harvey chama de "acumulação por espoliação". Por esse termo, Harvey refere-se à centralização da riqueza e do poder nas mãos de poucos, através de uma série de práticas essenciais do neoliberalismo, como a privatização e a financeirização. Ele destaca a novidade das lutas a que essas práticas dão origem:

> Acumulação por espoliação envolve um conjunto de práticas muito diferentes da acumulação, através da expansão do trabalho assalariado na indústria e agricultura. Esta última, que dominou os processos de acumulação do capital nas décadas de 1950 e 1960, deu origem a uma cultura oposicionista (tal como a incorporada pelos sindicatos e partidos políticos da classe trabalhadora) que produziu o liberalismo embutido. A espoliação, por sua vez, é fragmentada e particular — uma privatização aqui, uma degradação ambiental lá, uma crise financeira de endividamento em algum lugar.[44]

De outra perspectiva teórica, a emergência de novos antagonismos é também salientada por teóricos que apontam os efeitos generalizados das formas neoliberais biopolíticas de governamentalidade em todos os domínios da vida.

Não há dúvida de que, sob o neoliberalismo, o campo de conflito ampliou-se significativamente. De certo modo, isso oferece uma oportunidade, uma vez que o

---

[44] HARVEY, David, *A Brief History of Neoliberalism* (Nova York: Oxford University Press, 2005), p. 178.

número de pessoas afetadas pelas políticas neoliberais é muito maior do que aquelas que são geralmente consideradas eleitoras tradicionais de esquerda. Um projeto de radicalização da democracia poderia, portanto, apelar a eleitorados que, até o momento, não se identificaram com a esquerda, e, graças a uma política hegemônica adequada, mais pessoas poderiam ser recrutadas para uma alternativa progressista. No entanto, isso também torna mais complexa a articulação de demandas democráticas de uma vontade coletiva, porque agora nos deparamos com uma maior variedade e heterogeneidade delas.

O desafio para uma estratégia populista de esquerda consiste em reafirmar a importância da "questão social", tendo em vista a crescente fragmentação e a diversidade dos "trabalhadores", mas também a especificidade de várias demandas democráticas. Isso requer a construção de "um povo" em torno de um projeto que aborde diversas formas de subordinação ao redor de questões relativas à exploração, dominação ou discriminação. Uma ênfase especial deve ser dada à questão que ganhou particular relevância nos últimos trinta anos e que é de especial urgência hoje: o futuro do planeta.

É impossível conceber um projeto de radicalização da democracia em que a "questão ecológica" não esteja no centro da agenda. É, portanto, essencial combiná-la com a questão social, o que certamente demandará mudanças profundas em nosso estilo de vida e a superação de múltiplas resistências. Abandonar o modelo produtivista e implementar a necessária transição ecológica vai requerer uma verdadeira "reforma intelectual e moral" gramsciana. Isso certamente não será fácil, mas um projeto ecológico ambicioso e bem projetado poderia oferecer uma visão interessante de uma sociedade democrática futura capaz de atrair alguns setores que atualmente integram o bloco hegemônico neoliberal.

Diz-se frequentemente que a principal clivagem em nossas sociedades está entre os "perdedores" e os "vencedores" da globalização neoliberal e que não há reconciliação possível para seus interesses. Tal fratura realmente existe, e existe claramente um antagonismo entre os dois campos, um antagonismo que não pode ser visualizado simplesmente como um confronto entre os 99% *versus* o 1%. Entretanto, acredito que entre os setores que se beneficiam do modelo neoliberal, alguns podem se tornar conscientes dos graves perigos que isso representa ao meio ambiente e podem ser conquistados para um projeto de sociedade que garantirá um futuro humano para seus descendentes. Espera-se que o surgimento de uma luta contra-hegemônica que se oponha ao modelo neoliberal, em nome dos valores democráticos e ecológicos, possa ajudar a deslocar o bloco histórico no qual ele se assenta, expandido, assim, o alcance de uma vontade coletiva democrática radical.

Estou ciente de que, entre aqueles que são favoráveis à radicalização da democracia, nem todos consideram necessária ou mesmo desejável articular as diversas lutas numa vontade coletiva. Uma objeção frequente à estratégia populista de esquerda afirma que unir as demandas democráticas na criação de um "povo" produzirá um sujeito homogêneo, o que anula a pluralidade. Qualquer tentativa de se fazer isso deve ser rejeitada, pois ela eliminaria a especificidade de diversas lutas. Outra objeção, ligeiramente diferente, atesta que "o povo", tal como concebido pelo populismo, é, desde o início, considerado homogêneo, sendo essa perspectiva incompatível com o pluralismo democrático.

Tais objeções derivam do fracasso (ou da recusa?) do entendimento de que a estratégia populista de esquerda está fundada em uma abordagem antiessencialista, segundo a qual o "povo" não é um referente empírico, mas uma construção política discursiva. Ele não existe previamente à sua articulação performativa e não pode ser compreendido a partir de categorias sociológicas. Essas críticas revelam uma falta de entendimento sobre a operação pela qual um povo é construído. Como uma vontade coletiva criada, a partir de uma cadeia de equivalência, o povo não é um sujeito homogêneo, no qual todas as diferenças são, de alguma forma, reduzidas à unidade.

Não estamos, como frequentemente é afirmado, perante a uma "massa", tal como entendida por Gustave Le Bon, em que toda diferenciação desaparece para a criação de um grupo totalmente homogêneo. Em vez disso, encontramo-nos num processo de articulação, no qual uma equivalência é estabelecida entre uma multiplicidade de demandas heterogêneas, de uma forma que mantenha a diferenciação interna do grupo. Como Ernesto Laclau especifica: "isso significa que cada demanda individual está constitutivamente dividida: por um lado, é ela mesma em sua própria particularidade; por outro, ela aponta, através de vínculos equivalentes, para a totalidade das outras demandas".[45]

Como Laclau e eu repetidamente salientamos, uma relação de equivalência não é aquela em que todas as diferenças colapsam numa identidade, mas aquela em que as diferenças ainda seguem ativas. Se tais diferenças fossem eliminadas, não seria equivalente, mas uma simples identidade. É apenas na medida em que as diferenças democráticas se opõem a forças ou a discursos que negam a todas elas, que essas diferenças podem ser substituídas umas pelas outras. É precisamente por isso que a criação de uma vontade coletiva, através de uma cadeia de equivalência, demanda a designação de um adversário. Esse movimento é necessário para traçar a fronteira política separando o "nós" do "eles", a qual é decisiva na construção de um "povo".

---

[45] LACLAU, Ernesto. "Populism: What's in a Name?", em *Populism and the Mirror of Democracy*, editado por Francisco Panizza, Nova York e Londres: Verso, 2005, p. 37.

Gostaria de enfatizar que uma "cadeia de equivalência" não é uma simples união de sujeitos políticos. Nem estamos lidando com uma situação em que um povo, já constituído, confronta um adversário preexistente. O povo e a fronteira política, que define o seu adversário, são construídos através da luta política e estão sempre suscetíveis à rearticulação, através de intervenções contra-hegemônicas. As demandas democráticas que uma estratégia populista de esquerda busca articular são heterogêneas, e é por essa razão que elas precisam ser articuladas numa cadeia de equivalência.

Esse processo de articulação é crucial, pois é por sua inscrição nessa cadeia que demandas singulares adquirem sua significação política. Não conta tanto de onde essas demandas vêm, mas como elas se articulam com outras demandas. Como o exemplo do populismo de direita atesta, demandas por democracia podem ser articuladas num vocabulário xenófobo e não têm automaticamente um caráter progressista. É apenas entrando em equivalência com outras demandas democráticas, como as dos imigrantes ou das feministas, que elas adquirem uma dimensão democrática radical. Isso também é verdade para as demandas provenientes das mulheres, dos imigrantes e de outros grupos discriminados.

Não devemos tomar como certa a existência de lutas inerentemente emancipatórias e que não podem ser orientadas para fins opostos. O atual desenvolvimento de formas de ecologia, com claras características antidemocráticas, deve ser visto como um aviso de que a recusa do modelo neoliberal não é garantia de avanço democrático. Na ecologia, assim como em outros domínios, a questão da articulação é decisiva, por essa razão, é essencial estabelecer um vínculo entre as questões ecológicas e sociais em torno da identificação com um projeto de radicalização da democracia.

Como imaginar uma identificação com a democracia radical de um modo congruente com a minha afirmação anterior de que a cadeia de equivalência não produz um sujeito homogêneo? Para abordar adequadamente essa questão, é necessário conceber o agente social como construído em discursos específicos correspondentes à multiplicidade das relações sociais em que se inscreve. Entre essas relações sociais, existe uma que corresponde à inserção do agente social numa comunidade política, isto é, na sua posição com "cidadão".

É como cidadão que um agente social intervém no nível da comunidade política. Embora sendo uma categoria central numa democracia liberal pluralista, a cidadania pode ser entendida de diversas maneiras, as quais comandam concepções muito diferentes de política. O liberalismo concebe a cidadania como um mero *status* legal e vê o cidadão como um indivíduo portador de direitos, livre de qualquer identificação com um "nós". Na tradição democrática, contudo, a cidadania é concebida como o envolvimento ativo na comunidade política, agindo como parte de "nós", de acordo com certa concepção de interesse geral. É por essa razão que o fomento de uma concepção democrática radical de cidadania é a chave para a luta contra a pós-democracia.

Para desenvolver tal concepção, podemos encontrar uma fonte de inspiração na tradição do republicanismo cívico, com sua ênfase na participação ativa numa comunidade política. Quando reformulado de uma maneira que abre espaço para o pluralismo, o republicanismo cívico, na versão "plebeia" inspirada por Maquiavel, pode contribuir para reafirmar a importância da ação coletiva e do valor da esfera pública, que tem estado constantemente sob ataque durante os anos de hegemonia neoliberal.

As visões liberal e democrática sempre estiveram em conflito, mas, durante o período do Estado de bem-estar keynesiano, o individualismo liberal foi mantido sob controle pelas práticas social-democráticas. Em geral, o senso comum social-democrata prevaleceu até ser minado pela ofensiva neoliberal. Vimos, sob o thatcherismo, como o cidadão foi substituído pelo "contribuinte", a ideia política da liberdade articulada com a ideia econômica de livre mercado e a democracia reduzida a procedimentos eleitorais. Uma batalha crucial na luta contra-hegemônica contra a hegemonia neoliberal consiste em ressignificar o "público" como o domínio onde os cidadãos podem ter voz e exercer seus direitos, deslocando a concepção individualista atualmente dominante do cidadão como um "consumidor", que é o elemento-chave da visão pós-democrática.

Em *O Retorno do Político* (*The Return of the Political*),[46] propus uma concepção de cidadania similar a uma "gramática de conduta" regida pelos princípios ético-políticos da *politeia* democrático-liberal: liberdade e igualdade para todos. Como esses princípios podem ser interpretados de diferentes maneiras, existem várias formas para se identificar e agir como um cidadão democrático. Uma concepção social-democrata de cidadania, por exemplo, privilegia a luta por direitos sociais e econômicos, enquanto uma interpretação democrática radical enfatiza inúmeras outras relações sociais, em que relações de dominação existem e precisam ser desafiadas para que os princípios da liberdade e de igualdade sejam aplicados. Entendida como algo que fornece a identificação comum das pessoas envolvidas em diversas lutas democráticas, uma concepção democrática radical de cidadania poderia se constituir no *locus* da construção de um "povo", através de uma cadeia de equivalência. É se identificando como cidadãos, cujo objetivo político é a radicalização da democracia, que os agentes sociais se unem. Eles podem estar engajados em projetos muito diferentes, mas a sua "gramática de conduta", quando atuando *como* cidadãos, é regida pela ampliação dos princípios ético-políticos de liberdade e igualdade a uma vasta gama de relações sociais.

---

[46] MOUFFE, Chantal. *The Return of the Political*, Nova York e Londres: Verso, 1993, capítulo 4.

Ao lado de questões que dizem respeito ao agente social como inscrito em relações sociais específicas — onde ocorrem as lutas intersetoriais por liberdade e igualdade — existem outras questões que necessitam de ação conjunta para transformar o Estado, o que é essencial para a formulação de um projeto democrático radical. Muitos dos objetivos igualitários perseguidos, como, por exemplo, no domínio da educação, apenas podem ser alcançados graças à intervenção do Estado. Essa intervenção não deve ser encarada de forma burocrática e autoritária, e o papel do Estado deve ser o de oferecer as condições para os cidadãos se encarregarem dos serviços públicos e organizá-los democraticamente.

Conceber a cidadania como uma "gramática de conduta" política mostra que é possível fazer parte de um "povo", identificado com um projeto democrático radical, estando, ao mesmo tempo, inscrito em uma pluralidade de outras relações sociais com suas "subjetividades" específicas. Agir *como* cidadão, no nível político, para radicalizar a democracia não significa descartar outras formas de identificação e é perfeitamente compatível com o envolvimento em lutas democráticas de natureza mais pontual. Na verdade, a cidadania democrática radical encoraja tal pluralidade de engajamento. É por essa razão que uma estratégia populista de esquerda requer a articulação entre intervenções nos níveis "vertical" e "horizontal", dentro de instituições representativas, assim como em várias associações e movimentos sociais. Ela também visa criar uma sinergia entre as múltiplas práticas, em que várias formas de dominação são desafiadas, e aquelas que experimentam novas formas igualitárias de vida.

Por exemplo, aqueles que estão envolvidos *como* cidadãos no projeto político do Podemos ou de La France Insoumise, vão intervir em diversas instituições representativas, enquanto também estarão engajados em uma variedade de práticas democráticas e lutas, focando questões mais específicas. Participar de um "nós" formado por cidadãos democráticos radicais não impede a participação em vários outros "nós".

Há um ponto, no entanto, que deve ser esclarecido aqui. A extensão do campo de exercício da cidadania que proponho não implica que todas as decisões devam ser realizadas por agentes sociais na sua qualidade de cidadãos. É importante distinguir entre questões que dizem respeito a eles *como* membros de uma comunidade política e aquelas que têm a ver com outras relações sociais e dizem respeito a comunidades específicas. Caso contrário, pode-se acabar com uma visão totalizante que nega o pluralismo, sendo que este último é vital para uma concepção democrática radical que respeita o valor da liberdade.

A concepção democrática radical de cidadania que proponho está intimamente ligada com a política radical reformista do engajamento com as instituições que defendi antes. Ela vê o Estado como algo importante na política democrática por constituir o espaço onde os cidadãos podem tomar decisões acerca da organização da comunidade política. É, de fato, onde a soberania popular pode ser exercida. Isso supõe, contudo, que existam as condições para um confronto agonístico, e por isso é indispensável romper com o consenso pós-político neoliberal.

Ao contrário do que fingem os liberais, o Estado não é um terreno neutro. Ele está sempre hegemonicamente estruturado e constitui-se num local importante para a luta contra-hegemônica. Contudo, não é o único local de intervenção, e a oposição entre partido e movimentos ou entre lutas parlamentares e extraparlamentares deve ser rejeitada. De acordo com um modelo agonístico de democracia, existe uma multiplicidade de espaços públicos agonísticos onde se poderia intervir para radicalizar a democracia. O tradicional espaço político do parlamento não é o único em que as decisões políticas são tomadas e, enquanto as instituições representativas devem manter ou recuperar um papel decisivo, novas formas de participação democrática são necessárias para radicalizar a democracia.

No capítulo anterior, argumentei contra uma concepção puramente horizontalizada de democracia radical, mas isso não significa que sou favorável à democracia representativa na sua forma corrente. O projeto de radicalização da democracia que proponho considera uma combinação de diferentes formas de participação democrática, dependendo dos espaços e das relações sociais onde liberdade e igualdade devem ser implementadas. Poderia imaginar uma articulação de várias formas de representação e de modos de escolha de representantes. Formas de democracia direta podem ser indicadas em alguns casos e uma variedade de formas de participação em outros. Embora eu seja crítica à democracia direta ou de sorteio, quando imaginadas como formas exclusivas para tomada de decisões políticas, eu não teria nenhum problema em admiti-las em casos específicos, em conjunto com as instituições representativas. Existem, de fato, muitas maneiras de aperfeiçoar a democracia representativa e fazê-la mais responsiva. Com relação à ideia da moda de "o comum", enquanto eu acredito que ela seja inapropriada como um princípio geral de organização da sociedade, penso que, em muitos domínios, práticas do "comum" podem desempenhar um papel importante na luta contra processos de privatização de bens que, como a água, devem ser reconhecidos como parte do "comum". Contanto que o modelo sugerido reconheça o fato de que a sociedade é dividida e que toda ordem é hegemonicamente estruturada, muitas configurações de procedimentos democráticos são possíveis.

À consideração anterior sobre a cidadania, gostaria de acrescentar que a operação hegemônica de construção de um povo requer um princípio articulatório para conectar, em uma cadeia de equivalência, as múltiplas demandas democráticas que constituem a vontade coletiva. Esse princípio articulatório vai variar de acordo com as diferentes conjunturas e pode ser estabelecido seja por uma demanda democrática específica, que se torna o símbolo da luta comum pela radicalização da democracia, seja pela figura de um líder.

O papel do líder na estratégia populista foi sempre objeto de crítica e, por essa razão, esses movimentos são frequentemente acusados de autoritários. Muitas pessoas consideram perigosa a liderança carismática e não há dúvida que ela pode ter efeitos negativos. Entretanto, independentemente do fato de ser muito difícil encontrar exemplos de movimentos políticos importantes sem líderes proeminentes, não há razão para igualar liderança forte com autoritarismo. Tudo depende do tipo de relação que é estabelecida entre o líder e o povo. No caso do populismo de direita, essa é uma relação muito autoritária em que tudo vem de cima sem uma verdadeira participação popular.

No entanto, o líder pode ser concebido como um *primus inter pares*, sendo perfeitamente possível um tipo diferente de relação, menos vertical, entre o líder e o povo. Além disso, como vou discutir daqui a pouco, uma vontade coletiva não poderá ser construída sem alguma forma de cristalização de afetos comuns, sendo que os vínculos afetivos com um líder carismático podem desempenhar um papel importante nesse processo.

Outra crítica frequente dirigida à estratégia populista de esquerda diz respeito ao papel atribuído à dimensão nacional. Isso levanta uma série de questões, como a dos membros da União Europeia, que vão além do escopo deste livro, que não está preocupado com políticas específicas, mas apenas com o tipo de estratégia apta a gerar, na conjuntura atual, uma vontade coletiva, visando à transformação hegemônica. Uma vez que tal transformação tenha ocorrido, as condições existirão para um debate agonístico sobre as políticas mais adequadas para a radicalização da democracia e as respostas não devem ser determinadas antecipadamente.

O que quero salientar é que a luta hegemônica para recuperar a democracia precisa começar no nível do Estado-nação, que, apesar de ter perdido muitas das suas prerrogativas, é ainda um dos espaços fundamentais para o exercício da democracia e da soberania popular. É no nível nacional que a questão da radicalização da democracia deve ser primeiramente colocada. É aí que precisa ser construída uma vontade coletiva para resistir aos efeitos pós-democráticos da globalização neoliberal. É apenas quando essa vontade coletiva se consolida que a colaboração com movimentos similares em outros países pode ser produtiva. É claro que a luta contra o neoliberalismo não pode ser vencida somente no nível nacional, sendo necessário estabelecer uma aliança no nível europeu. Contudo, uma estratégia populista de esquerda não pode ignorar o forte investimento libidinal em ação nas formas nacionais — ou regionais — de identificação e seria muito arriscado abandonar esse terreno para o populismo de direita. Isso não significa seguir o seu exemplo, com a promoção de formas fechadas e defensivas de nacionalismo, mas, em vez disso, oferecer outra saída para esses afetos, mobilizando-os em torno de uma identificação com os melhores e mais igualitários aspectos da tradição nacional.

Precisamos agora analisar uma questão que considero crucial para conceber a construção de um "povo": o papel decisivo desempenhado pelos afetos na constituição das identidades políticas. A falta de entendimento da dimensão afetiva no processo de identificação é, na minha opinião, uma das principais razões pelas quais a esquerda, fechada em uma estrutura racionalista, é incapaz de compreender a dinâmica da política. Esse racionalismo está, sem dúvida, na origem da recusa obstinada de muitos teóricos de esquerda a aceitar os ensinamentos da psicanálise.

Essa é uma falha séria, porque a crítica de Freud à ideia do caráter unificado do sujeito e sua afirmação de que a mente humana está necessariamente sujeita à divisão entre dois sistemas, dos quais um não é e não pode ser consciente, é de vital importância para a política. Freud mostra que, longe de ser organizada ao redor da transparência de um ego, a personalidade está estruturada em uma série de níveis que estão fora da consciência e da racionalidade dos agentes. Portanto, ele nos obriga a abandonar um dos princípios fundamentais da filosofia racionalista — a categoria de sujeito como um ente racional, transparente, apto a conferir um sentido homogêneo à totalidade de sua conduta — e aceitar que os "indivíduos" são meras identidades referenciais, resultantes da articulação entre posições localizadas de sujeitos. A psicanálise reivindica que não existem identidades essenciais, mas apenas formas de identificação, dessa maneira põe em posição central uma abordagem antiessencialista que estabelece a história do sujeito como sendo a história de suas identificações e também que não há identidade oculta, por atrás delas, a ser resgatada.

Inspirada em Freud, esta abordagem reconhece que uma dimensão importante da política é a construção de identidades políticas e que isso implica sempre uma dimensão afetiva. Em *Psicologia de Grupo e a Análise do Ego* (*Group Psycology and the Analysis of the Ego*), Freud destacou o papel decisivo desempenhado pelo laços afetivos libidinais no processo de identificação coletiva: "Um grupo se mantém claramente unido por algum tipo de poder: e a que poder esta façanha poderia ser melhor atribuída senão ao de Eros, que une tudo no mundo".[47]

---

[47] FREUD, Sigmund. "Group Psychology and the Analysis of the Ego", em *The Standard Edition of the Complete Psychological Works of Sigmund Freud*, volume XVIII, Londres: Vintage, 2001, p. 92.

Reconhecer o papel dessa energia libidinal e o fato de que ela é maleável e pode ser orientada em múltiplas direções, produzindo diferentes afetos, é essencial para a compreensão do funcionamento da operação hegemônica. A promoção de uma vontade coletiva visando à radicalização da democracia requer mobilizar energia afetiva, através da inscrição em práticas discursivas, que gere identificação com uma visão democrática igualitária. Permitam-me lembrar-lhes que, por "prática discursiva", não estou referindo-me a uma prática que diga respeito exclusivamente à fala ou à escrita, mas a práticas significativas nas quais significação e ação, componentes linguísticos e afetivos, não possam ser separados. É através da sua inserção em práticas significativas discursivas-afetivas, envolvendo palavras, afetos e ações, que os agentes sociais adquirem formas de subjetividade.

Para conceber essas inscrições discursivas-afetivas, podemos encontrar importantes percepções em Spinoza, cuja noção de *conatus* tem afinidades com a de "libido" de Freud. Como Freud, Spinoza acredita que é o desejo que move os seres humanos a agir, e ele nota que são os afetos que os fazem agir numa direção em vez de outra. Numa reflexão sobre os afetos, em sua *Ética* (*Ethics*), Spinoza faz uma distinção entre afecção (*affectio*) e afeto (*affectus*).[48] Uma "affecção" é um estado de um corpo, na medida em que ele está sujeito à ação

---

[48] SPINOZA, Benedictus de. *Ethics*, tradução: Edwin Curley, Nova York: Penguin, 1994, parte 3.

de outro corpo. Quando afetado por algo exterior, o *conatus* (o esforço geral para perseverar em nosso ser) experimentará afetos que o movem a desejar algo e a agir em conformidade.

Proponho utilizar essa dinâmica *affectio-affectus* para examinar o processo de formação de identidades políticas, vendo as "affecções" como as práticas em que o discursivo e o afetivo são articulados, produzindo formas específicas de identificação. Concebidas como a cristalização dos afetos, essas identificações são cruciais para a política, porque elas fornecem o motor da ação política.

A abordagem hegemônica foi criticada por alguns teóricos da "virada afetiva", que alegam que esta abordagem leva apenas em consideração a dimensão discursiva. Refutando essa crítica, Yannis Stavrakakis mostrou como os que defendem uma abordagem "pós-hegemônica" estão errados, porque, separando o discursivo do afetivo, eles perdem a sua interdependência constitutiva.[49] Pelo contrário, a teoria discursiva da hegemonia reconhece tais interdependências quando ela afirma que "algo pertencente à ordem do afeto tem um papel primário na construção discursiva do social".[50]

---

[49] STAVRAKAKIS, Yannis. "Hegemony or Post-Hegemony? Discourse, Representation and the Revenge(s) of the Real", em *Radical Democracy and Collective Movements Today: The Biopolitics of the Multitude Versus the Hegemony of the People*, editado por Alexandros Kioupkiolis e Giorgos Katsambekis, Nova York: Ashgate, 2014.

[50] LACLAU, Ernesto. "Glimpsing the Future: A Reply", em *Laclau: A Critical Reader*, editado por Simon Critchley e Oliver Marchart, Nova York: Routledge, 2004, p. 326.

Alguns dos que promovem a "virada afetiva" apresentam a sua visão de afeto baseada no pensamento de Spinoza, mas existem boas razões para questionar tal genealogia. Considero muito mais convincente a interpretação de Frédéric Lordon que, em sua leitura do papel dos afetos em Spinoza, destacou como, para ele, a política é uma *ars effectandi*, que lida com a produção das ideias com o poder do afeto (*idées affectantes*).[51] Questionando o privilégio concedido pelo marxismo às determinações materiais e à antinomia problemática que estabelece entre matéria e ideias, Lordon mostra como Spinoza nos permite transcendê-la, através da noção de "afecção", que resulta tanto de ideias quanto de determinações materiais. É quando ocorre a junção entre ideias e afetos que as ideias adquirem poder.

Ao examinarmos práticas discursivas-afetivas, podemos também nos inspirar em Wittgenstein, que nos ensinou que é por sua inscrição nos "jogos de linguagem" (o que chamamos de práticas discursivas), que os agentes sociais formam crenças particulares e desejos e adquirem sua subjetividade. Seguindo a sua abordagem, podemos perceber a fidelidade à democracia, não baseada na racionalidade, mas na participação em formas específicas de vida. Como Richard Rorty muitas vezes apontou, uma perspectiva wittgensteiniana faz-nos perceber

---

[51] LORDON, Frédéric. *Les Affects de la Politique*, Paris: Seuil, 2016, p. 57.

que a fidelidade à democracia e a crença no valor de suas instituições não depende de conceder à democracia um fundamento intelectual.

A fidelidade aos valores democráticos é uma questão de identificação. Ela não é criada através da argumentação racional, mas por meio de um conjunto de jogos de linguagem que constroem formas democráticas de individualidade. Wittgenstein reconhece claramente a dimensão afetiva dos diferentes modos de fidelidade, quando ele compara a crença religiosa a "um compromisso apaixonado a um sistema de referência".[52] Reunindo Spinoza, Freud e Wittgenstein, podemos ver que a inscrição nas práticas discursivas fornece as afecções que, para Spinoza, provocam os afetos, que estimulam o desejo e levam a uma ação específica. Reconhece-se, dessa forma, que os afetos e o desejo desempenham um papel crucial na constituição de formas coletivas de identificação.

Reconhecer o papel fundamental desempenhado pelos afetos na política, e como eles podem ser mobilizados, é decisivo para conceber uma estratégia populista de esquerda eficaz. Tal estratégia deveria seguir o exemplo de Gramsci, quando ele apela para "uma coesão orgânica, na qual o sentimento/paixão torna-se compreensão". Trabalhando a partir de noções do "senso comum", ela deve ser dirigida às pessoas de uma forma capaz de

---

[52] WITTGENSTEIN, Ludwig. *Culture and Value*, tradução de Peter Winch, Chicago: University of Chicago Press, 1984, p. 64.

alcançar os seus afetos. Ela tem de ser congruente com os valores e as identidades que visa interpelar, devendo conectar-se com os aspectos da experiência popular. Para fazer eco aos problemas que as pessoas encontram em suas vidas cotidianas, ela precisa partir de onde elas estão e de como elas se sentem, oferecendo-lhes uma visão de futuro que lhes dê esperança, em vez de manter-se no registro da denúncia.

Uma estratégia populista de esquerda visa à cristalização de uma vontade coletiva sustentada pelos afetos comuns, aspirando uma ordem mais democrática. Esta requer a criação de um regime diferente de desejos e afetos através da inscrição em práticas discursivas/afetivas que promoverão novas formas de identificação. Essas práticas são de várias naturezas, mas os campos cultural e artístico constituem um terreno muito importante para a constituição de diferentes formas de subjetividade.

Aqui novamente Gramsci é um guia indispensável, porque ele mostrou a centralidade do domínio cultural na formação e na difusão do "senso comum" que controla uma definição específica de realidade. Entender o "senso comum" como o resultado de uma articulação discursiva, permite-nos compreender como ele pode ser transformado graças às intervenções contra-hegemônicas. Realçando o papel decisivo das práticas artísticas e culturais na luta hegemônica, argumentei em *Agonísticos* (*Agonistics*) que, se as práticas artísticas podem desempenhar um papel decisivo na construção de novas formas de subjetividade é porque, usando recursos que induzem a respostas emocionais, elas são capazes de atingir os seres humanos no nível afetivo.[53] É aí que, de fato, reside o imenso poder da arte, na sua capacidade de fazer-nos ver as coisas de uma maneira diferente, de fazer-nos perceber novas possibilidades.

As práticas artísticas e culturais têm, por essa razão, um papel importante a desempenhar numa estratégia populista de esquerda. Para manter a sua hegemonia, o sistema neoliberal precisa mobilizar constantemente os desejos das pessoas e moldar suas identidades. A construção de um "povo", apto a construir uma hegemonia diferente, requer cultivar uma multiplicidade de práticas discursivas/afetivas que erodiriam os afetos comuns que sustentam a hegemonia neoliberal e criariam as condições para uma radicalização da democracia. É essencial, para uma estratégia populista de esquerda, reconhecer a importância de encorajar os afetos comuns, porque, como Spinoza fez questão de enfatizar, um afeto somente pode ser deslocado por um afeto oposto, mais forte do que aquele a ser reprimido.

---

[53] MOUFFE, Chantal. *Agonistics: Thinking the World Politically*, Londres e Nova York: Verso, 2013, capítulo 5.

CONCLUSÃO

Examinando a atual conjuntura da Europa Ocidental, argumentei que estamos vivendo um "momento populista". Ele é a expressão de resistências contra a condição pós-democrática, ocasionada pelos trinta anos de hegemonia neoliberal. Tal hegemonia entrou agora em crise, e essa crise cria a oportunidade para o estabelecimento de uma nova formação hegemônica. Essa nova formação hegemônica poderá ser mais autoritária ou mais democrática, dependendo de como essas resistências forem articuladas e o tipo de política com a qual se desafiará o neoliberalismo.

Tudo depende do registro discursivo e afetivo com que se atribuirá sentido às múltiplas demandas democráticas que caracterizam esse "momento populista". A possibilidade de implementar práticas contra-hegemônicas para provocar um fim ao consenso pós-político requer a construção de uma fronteira política. De acordo com a estratégia populista de esquerda, essa fronteira deve ser construída de uma forma "populista", opondo o "povo" contra a "oligarquia", um confronto no qual o "povo" é constituído pela articulação de diversas demandas democráticas. Esse "povo" não é para ser entendido como um referente empírico ou uma categoria sociológica. Ele é uma construção discursiva, resultante de uma "cadeia de equivalência" entre demandas heterogêneas, cuja unidade é assegurada pela identificação com uma concepção democrática radical de cidadania e uma oposição comum à oligarquia, forças que estruturalmente impedem a realização do projeto democrático.

Sublinhei o fato de que o objetivo da uma estratégia populista de esquerda não é o estabelecimento de um "regime populista", mas a construção de um sujeito coletivo apto a lançar uma ofensiva política, a fim de estabelecer uma nova formação hegemônica dentro da estrutura democrático-liberal. Essa nova formação hegemônica deve criar as condições para a recuperação e o aprofundamento da democracia, mas esse processo seguirá diferentes padrões, de acordo com os diversos contextos nacionais.

O que proponho é uma estratégia específica para a construção da fronteira política e não um programa político completo. Partidos ou movimentos que adotem uma estratégia populista de esquerda podem seguir trajetórias diversas; diferenças existirão, e eles não têm de ser identificados por esse nome. É no nível analítico que se pode referir a eles como "esquerda populista".

Espera-se que esta estratégia populista de esquerda seja denunciada por setores da esquerda que continuam a reduzir a política à contradição capital-trabalho e que atribuem um privilégio ontológico à classe operária, apresentada como o veículo para a revolução socialista.

Eles verão isso, é claro, como uma capitulação à "ideologia burguesa". Não há razão para responder a essas objeções que resultam da própria concepção de política que venho criticando.

No entanto, há outros tipos de objeção que merecem ser levados em consideração. Dada a própria conotação negativa atribuída ao termo "populismo" na Europa Ocidental, surgiu a dúvida, em diversos momentos, acerca da conveniência de usá-lo para qualificar um tipo de política que poderia ser mais facilmente aceita caso tivesse outro nome. Por que chamar de populista? O que se ganha com isso? Gostaria de salientar que essa conotação negativa é específica do contexto europeu e, como indiquei antes, ela corresponde a uma tentativa dos defensores do *status quo* pós-políticos de desqualificar todas as forças que desafiam a sua alegação de que não há alternativa à globalização neoliberal. Tal rótulo pejorativo serve para que todos esses movimentos sejam apresentados como um perigo para a democracia. Em outros contextos, no entanto, "movimentos populistas" têm sido vistos de uma forma positiva, como foi, por exemplo, o caso do Partido do Povo, nascido nos Estados Unidos, em 1891, o qual, como Michael Kazin explicou em seu livro A Persuasão Populista (*The Populist Persuasion*),[54] defendeu políticas progressistas visando ao fortalecimento da democracia. O Partido do Povo não du-

---

[54] KAZIN, Michael. *The Populist Persuasion: An American History*, Nova York: Basic Books, 1995.

rou muito tempo, mas as políticas que ele defendeu foram adotadas pelos liberais e influenciaram o *New Deal*.

Apesar do surgimento, mais tarde, nos Estados Unidos de uma importante corrente de populismo de direita, o termo permaneceu aberto a usos positivos, como podemos ver hoje com o amplo apreço da política de Bernie Sanders, cuja estratégia é claramente populista de esquerda.

Uma vez que se admite que o populismo pode fornecer uma estratégia política para fortalecer a democracia, podemos começar a considerar a importância, na conjuntura atual da Europa Ocidental, de ressignificar esse termo, dando-lhe uma conotação positiva, de modo a torná-lo a denominação da forma de política contra-hegemônica que se opõe à ordem neoliberal.

Num momento pós-democrático, quando a recuperação e a radicalização da democracia estão na agenda, o populismo, enfatizando o *demos* como uma dimensão essencial da democracia, é particularmente adequado para qualificar a lógica política adaptada à conjuntura. Entendido como uma estratégia política que sublinha a necessidade de traçar uma fronteira política entre o povo e a oligarquia, ele desafia a visão pós-política que identifica a democracia com o consenso. Além disso, referindo-se à construção de uma vontade coletiva, construída como uma articulação de demandas democráticas, ele reconhece a necessidade de levar em consideração uma variedade de lutas heterogêneas, em vez de considerar o sujeito político coletivo exclusivamente em termos de "classe".

Outro aspecto decisivo da estratégia populista é o seu reconhecimento do papel da dimensão afetiva nas formas políticas de identificação e a importância da mobilização dos afetos comuns, um aspecto que está normalmente ausente das formas tradicionais de política de esquerda. É por todas essas razões que, na luta para estabelecer uma nova formação hegemônica, é essencial adotar uma estratégia "populista".

No entanto, por que chamá-la de populismo "de esquerda"? Esta é, de fato, a questão levantada por diversas pessoas que acreditam na necessidade de se estimular uma estratégia populista visando à radicalização da democracia, mas que questionam a conveniência de qualificá-la como "de esquerda". Algumas delas propõem, antes, falar de um populismo "democrático", outras, de populismo "progressista" ou de populismo "humanista". Normalmente há duas razões para a recusa do termo populismo "de esquerda". A primeira é que, com a conversão dos partidos social-democratas ao neoliberalismo — os quais são frequentemente identificados como "a esquerda" — o significante esquerda foi totalmente desacreditado e perdeu toda a sua conotação progressista. Como eles não querem ser identificados com o outro tipo de esquerda, os que reivindicam representar a "verdadeira" esquerda, os defensores da estratégia populista preferem descartar o rótulo "esquerda". Compartilho as preocupações daqueles que querem salientar a diferen-

preocupações daqueles que querem salientar a diferença da estratégia populista em relação aos dois sentidos correntes de "esquerda", mas acredito que falar em *populismo* de esquerda seja suficiente para distingui-lo da compreensão habitual do termo.

Há outra razão que é apresentada para abandonar esse termo: o fato de que ele não é adequado ao caráter transversal da estratégia populista. Afirma-se que, em geral, a "esquerda" expressa os interesses de setores econômicos específicos e negligencia demandas que, de acordo com a estratégia populista, devem ser incluídas na construção da vontade coletiva. Considero essa uma objeção mais substancial. Na verdade, quando ela é considerada desde uma perspectiva sociológica, representando os interesses de determinados grupos sociais, a noção de esquerda não é apropriada para qualificar um "nós", um povo, resultado da articulação de demandas democráticas heterogêneas. A construção de um "povo" de uma forma transversal, com o objetivo de criar uma maioria popular independente de filiações políticas anteriores, é de fato o que distingue a fronteira política populista daquela tradicional entre esquerda e direita.

É dessa forma que deve ser entendida a reivindicação de movimentos como o Podemos, quando alegam que não são "nem de esquerda, nem de direita". Não no sentido que eles perseguem uma política sem fronteira, na forma da "terceira via", mas no sentido que eles constróem a fronteira de uma maneira diferente. O problema é que tal posição, por não tornar explícita a forma partidária na qual o "povo" é construído, deixa incerta a sua orientação política.

Para que se evite essa indeterminação política é importante falar de populismo "de esquerda", em referência ao outro sentido de "esquerda", que diz respeito à sua dimensão axiológica e assinala os valores que defende: igualdade e justiça social. Essa é uma dimensão que considero crucial para sustentar a formulação de uma estratégia populista que visa à radicalização da democracia. Quando se reconhece que o "povo" pode ser construído de diferentes formas e que os partidos populistas de direita também constroem um "povo", é essencial, por razões eminentemente *políticas*, indicar qual o tipo de povo que se visa construir. Apesar de todos os argumentos sobre as suas obsolescências, as metáforas "esquerda" e "direita" ainda continuam, nas sociedades europeias ocidentais, sendo marcadores simbólicos chave no discurso político, e não penso que seja judicioso abandoná-los. O que é necessário é restaurar a natureza política do confronto e ressignificar o sentido de esquerda.

A distinção esquerda-direita pode ser vista como uma clivagem e como uma fronteira. Em nossos tempos pós-políticos, a diferença entre esquerda e direita é frequentemente considerada em termos de uma "clivagem" — ou seja, como um tipo de divisão que não está estruturada por um antagonismo, mas que assinala uma mera diferença de posição. Entendida dessa forma, a distinção esquerda-direita não é adequada para um projeto de radicalização da democracia. É apenas quando ele é concebido em termos de fronteira, indicando a existência de um antagonismo entre as respectivas posições e a impossibilidade de uma "posição de centro", que essa diferença é verdadeiramente estabelecida de uma forma política. Acredito que este "efeito de fronteira" é mais difícil de transmitir com as noções de populismo "progressista" ou "democrático" e que o populismo "de esquerda" traz mais claramente à tona a existência de um antagonismo entre o povo e a oligarquia sem o qual uma estratégia hegemônica não pode ser formulada.

Em vez de ver o momento populista apenas como uma ameaça à democracia, é urgente perceber que ele também oferece a oportunidade para a sua radicalização. Para aproveitar essa oportunidade, é vital reconhecer que a política é por natureza partidária e que ela requer a construção de uma fronteira entre o "nós" e o "eles". É apenas restaurando o caráter agonístico da democracia que será possível mobilizar afetos e criar uma vontade coletiva na direção do aprofundamento dos ideais democráticos. Será este projeto bem-sucedido? É claro que não há garantia, mas seria um grave erro perder a chance proporcionada pela conjuntura atual.

APÊNDICE TEÓRICO — UMA ABORDAGEM ANTIESSENCIALISTA

Existem duas formas de considerar o domínio do político. A visão associativa o vê como o campo da liberdade e da ação em conjunto. Alternativamente, o dissociativo concebe-o como o campo do conflito e do antagonismo.[55] Minha reflexão compartilha da visão dissociativa e está fundamentada pela abordagem teórica desenvolvida em *Hegemonia e Estratégia Socialista*, segundo a qual dois conceitos-chave são necessários para abordar a questão do político: "antagonismo" e "hegemonia".[56] Ambas as noções indicam a existência de uma dimensão de negatividade radical que se manifesta na possibilidade sempre presente do antagonismo. Ele impede a totalização da sociedade e exclui a possibilidade de uma sociedade sem divisão e sem poder.

A sociedade é vista como o produto de uma série de práticas hegemônicas, cujo objetivo é estabelecer uma

---

[55] Tal distinção entre as visões associativa e dissociava é proposta por Oliver Marchart em *Post-Foundational Political Thought: Political Difference in Nancy, Lefort, Badiou and Laclau*, Edinburgh University Press, 2007, pp. 38-44.

[56] LACLAU, Ernesto e MOUFFE, Chantal. *Hegemony and Socialist Strategy: towards a radical democratic politics*, Nova York e Londres: Verso, 2014.

ordem num contexto contingente. Trata-se do campo das práticas "sedimentadas", ou seja, das práticas que ocultam o ato originário de sua instituição política contingente e que são tomadas como certas como se elas fossem autofundamentadas. Toda ordem social é a articulação temporária e precária de práticas hegemônicas que visam a estabelecer ordem num contexto de contingência. Práticas hegemônicas são as práticas de articulação através das quais uma dada ordem é criada e o sentido das instituições sociais é fixado.

As coisas sempre poderiam ser de outra forma e toda ordem está fundada na exclusão de outras possibilidades. Ela é sempre a expressão de uma configuração particular de relações de poder e a falta de um fundamento racional último. O que aparece como a ordem natural jamais é a manifestação de uma objetividade mais profunda que seria exterior às práticas que lhe deram origem. Toda ordem existente é, portanto, suscetível de ser desafiada por práticas contra-hegemônicas, práticas que tentam desarticulá-la a fim de instaurar outra forma de hegemonia.

O segundo princípio importante da abordagem antiessencialista é que o agente social é constituído por um conjunto de "posições discursivas" que nunca podem ser totalmente fixadas em um sistema fechado de diferenças. É construído por uma diversidade de discursos entre os quais não há relação de necessidade, mas um movimento constante de sobredeterminação e de deslocamento.

A "identidade" de tal sujeito múltiplo e contraditório é, portanto, sempre contingente, precária, temporariamente fixada na intersecção desses discursos e dependente de formas específicas de identificação.

É, portanto, impossível falar do agente social como se fôssemos lidar com uma identidade unificada e homogênea. Temos antes de abordá-la como uma pluralidade, dependente de várias posições de sujeito, através das quais ela é constituída em várias formações discursivas, e reconhecer que não existe um *a priori*, uma relação necessária entre os discursos que constroem suas diferentes posições de sujeito. Essa pluralidade, contudo, não envolve a coexistência de uma pluralidade de posições de sujeito, mas a constante subversão e sobredeterminação de uma pelas outras, que torna possível a geração de efeitos totalizantes em um campo caracterizado por fronteiras abertas e determinadas.

Há, portanto, um duplo movimento: de um lado, um movimento de descentramento que evita a fixação de um conjunto de posições ao redor de um ponto pré-constituído; de outro lado, e como resultado de sua não fixidez essencial, o movimento oposto: a instituição de pontos nodais, fixações parciais que limitam o fluxo do significado sob o significante. No entanto, essa dialética da não fixidez/fixação é possível apenas porque a fixidez não está dada de antemão, uma vez que nenhum centro de subjetividade precede as identificações do sujeito. Poressa razão, temos de conceber a história do sujeito como a história de suas identificações e que não existe identidade oculta a ser resgatada.

Negar a existência de um vínculo *a priori* necessário entre as posições de sujeito não significa que não haja um esforço constante para estabelecer entre elas vínculos históricos, contingentes e variáveis. Esse tipo de vínculo, que estabelece uma relação contingente e não determinada entre diversas posições, é o que é chamado de uma "articulação". Mesmo que não haja vínculo necessário entre as diferentes posições de sujeito, no campo da política, há sempre discursos que tentam fornecer uma articulação de diferentes pontos de vista.

Por essa razão, toda posição de sujeito é constituída no interior de uma estrutura discursiva essencialmente instável, já que ela é submetida a uma variedade de práticas articulatórias que constantemente subvertem-na e transformam-na. É por essa razão que não existe posição de sujeito, cujo vínculo com outras esteja definitivamente assegurado e, portanto, nenhuma identidade social pode estar completa e permanentemente alcançada.

UMA CONCEPÇÃO AGONÍSTICA DE DEMOCRACIA

Após *Hegemonia e Estratégia Socialista*, uma parte importante do meu trabalho foi dedicada à elaboração de um modelo alternativo de política democrática capaz de dar conta da inerradicabilidade do antagonismo e da natureza hegemônica da política.[57] As questões que abordei são as seguintes: como considerar a democracia na estrutura da nossa abordagem hegemônica? Como pode a ordem democrática reconhecer e lidar com a existência de conflitos que não têm uma solução racional? Como conceber a democracia de uma forma que permita, no seu interior, um confronto entre projetos hegemônicos conflitivos?

Minha resposta para essas questões é o modelo agonístico de democracia, o qual vejo como o que fornece a estrutura analítica necessária para imaginar a possibilidade de um confronto democrático entre projetos hegemônicos. Em poucas palavras, meu argumento é o seguinte.

---

[57] Desenvolvi esta concepção agonística nos seguintes livros: *The Return of the Political*, Nova York e Londres: Verso, 1993, edição revisada, 2005; *The Democratic Paradox*, Nova York e Londres: Verso: 2000, edição revisada, 2009; *On the Political*, Abingdon, Reino Unido: Routledge, 2005; e *Agonistics: Thinking the World Politically*, Nova York e Londres: Verso, 2013.

Uma vez que reconhecemos a dimensão "do político", começamos a perceber que um dos principais desafios para uma política pluralista democrático-liberal consiste em tentar neutralizar o antagonismo potencial que existe nas relações humanas para tornar a coexistência humana possível. De fato, a questão fundamental não é como chegar a um consenso alcançado sem exclusão, porque isso requereria a construção de um "nós" que não teria um correspondente "eles". Isso é impossível, porque a própria condição para a constituição de um "nós" é a demarcação de um "eles".

A questão crucial num regime democrático-liberal, portanto, é como estabelecer essa distinção nós-eles, a qual é constitutiva da política, de um modo que seja compatível com o reconhecimento do pluralismo. O importante é que o conflito, quando surgir, não tome a forma de um "antagonismo" (uma luta entre inimigos), mas de um "agonismo" (uma luta entre adversários). O confronto agonístico é diferente do antagonístico, não porque ele permite um possível consenso, mas porque o oponente não é considerado um inimigo a ser destruído, mas um adversário cuja existência é percebida como legítima. Suas ideias serão postas vigorosamente em luta, mas seu direito de defendê-las nunca será questionado. A categoria de *inimigo*, porém, não desaparece, pois permanece pertinente àqueles que, por rejeitarem o consenso conflitual que constitui a base de uma democracia pluralista, não podem fazer parte da luta agonística.

A questão dos limites do pluralismo é, portanto, crucial para a democracia e não há forma de escapar dela. Afirmando o caráter constitutivo da divisão social e a impossibilidade de uma reconciliação final, a perspectiva agonística reconhece o necessário caráter partidário da política democrática. Considerando esse confronto em termos de adversários e não no modo amigo-inimigo, uma vez que este poderia levar à guerra civil, ele permite que tal enfrentamento ocorra no interior das instituições democráticas.

Esse confronto necessário é algo que muitos teóricos democrático-liberais têm de eludir, devido à forma inadequada como eles concebem o pluralismo. Enquanto reconhecem que vivemos num mundo em que uma multiplicidade de perspectivas e de valores coexiste e que é impossível, por razões empíricas, que cada um de nós pudesse adotar todas elas, esses teóricos imaginam que, reunidas, essas perspectivas e valores constituem um conjunto harmonioso e não conflitivo. Esse tipo de pensamento é, portanto, incapaz de explicar a natureza necessariamente conflitiva do pluralismo, que decorre da impossibilidade de reconciliar todos os pontos de vista, e é por essa razão que ele está fadado a negar o político e a sua dimensão antagônica.

O que está em questão na luta agonística é a própria configuração das relações de poder que estrutura a ordem social e o tipo de hegemonia que elas constroem. É um confronto entre projetos hegemônicos conflitivos que nunca pode ser racionalmente reconciliado. A dimensão antagônica está, portanto, sempre presente, mas ela é posta em prática por meio de um confronto cujos procedimentos são aceitos pelos adversários. Diferentemente dos modelos liberais, a abordagem agonística leva em consideração o fato de que toda ordem social é politicamente instituída e que o terreno sobre o qual as intervenções hegemônicas ocorrem nunca é neutro, pois é sempre produto de práticas hegemônicas anteriores. Ela vê a esfera pública como um campo de batalha no qual projetos hegemônicos confrontam-se entre si, sem a possibilidade de uma reconciliação final.

A distinção entre *antagonismo* (relação amigo-inimigo) e *agonismo* (relação entre adversários) permite o entendimento, ao contrário do que muitos teóricos da democracia acreditam, do porquê não é necessário negar a inerradicabilidade do antagonismo para vislumbrar o estabelecimento da uma ordem democrática.

Defendo que o confronto agonístico, longe de representar um perigo à democracia, é, na realidade, a própria condição para a sua existência. É claro, a democracia não pode sobreviver sem certas formas de consenso relativas à fidelidade aos valores ético-políticos que constituem seus princípios de legitimidade e às instituições nas quais eles estão inscritos. No entanto, ela também deve permitir a expressão agonística do conflito, que requer que os cidadãos tenham genuinamente a possibilidade de escolher entre alternativas reais. Uma democracia que funcione bem requer o confronto de posições políticas democráticas. Se isso está faltando, há sempre o perigo de que o confronto democrático seja substituído por um enfrentamento entre valores morais inegociáveis ou por formas de identificação essencialistas.

AGRADECIMENTOS

Na elaboração da minha concepção de populismo de esquerda, agradeço às discussões públicas e às conversas privadas que tive com Íñigo Errejón, Jean-Luc Mélenchon, François Ruffin e Yannis Stavrakakis, os quais, de diferentes formas, contribuíram para o desenvolvimento dos meus argumentos.

Por suas sugestões muito importantes ou por seus comentários sobre vários aspectos do livro, agradeço à Pauline Colonna D'istria, Leticia Sabsay, James Schneider e Christophe Ventura.

Finalmente, gostaria de agradecer ao Instituto de Ciências Humanas de Viena (IWM) por fornecer um ambiente muito estimulante e agradável, na primavera de 2017, quando escrevi uma parte substancial deste manuscrito.

SOBRE A AUTORA

Chantal Mouffe é professora pós-marxista de teoria política no Centro de Estudos da Democracia da Universidade de Westminster, no Reino Unido. Estudou em Lovaina, Paris e Essex e trabalha em várias universidades na Europa, na América do Norte e na América Latina. Foi professora convidada em Harvard, Cornell, Princeton e no Centre National de la Recherche Scientifique. De 1989 a 1995, foi diretora de departamento no Collège International de Philosophie, em Paris.

Dentre seus livros, estão *Gramsci e Teoria Marxista*, *Hegemonia e Estratégia Socialista* (com Ernesto Laclau), *Dimensões da Democracia Radical*, *O Retorno do Político*, *O Paradoxo Democrático*, *Sobre o Político*, *A Agonística* e *Podemos: Em nome do povo* (com Íñigo Errejón).

Impresso por :

Tel.:11 2769-9056